Der Ausgewählten Werke

1. Band

Hans Conrad Zander

# Von der Religiosität der Katzen

## 24 Sonntagsweisheiten

Münster in Westfalen

Lit

2. Auflage 1990

ISBN 3–88660–516–7



LIT Verlag Dieckstr. 56 4400 Münster 0251/235091

# Inhalt

1. Weisheit

# Von der Religiosität der Katzen.

Schau dir einmal eine Katze an. Wie sie von Zeit zu Zeit die Augen einen Spalt breit öffnet, ganz gesammelt und zugleich ganz gelöst. Sie beherrscht die höchste Kunst der Religion: Die Katze meditiert. Schau im Sommer, wie sie sich hier und dort im Garten hin legt oder setzt. Wie perfekt sie sich mit jeder Geste einfügt in ihre Welt. Mehr als ein frommer Mensch besitzt die Katze den Sinn für kosmische Harmonie. Noch in ihren Lastern erweist sie sich als religiöses Wesen: So scheinheilig wie eine Katze kann auch der frömmste Mensch nicht sein.

In christlicher Eintracht habe ich viele Jahre mit einer Katze gelebt. Vor einem halben Jahr ist sie gestorben. Drei Wochen danach stand ich schon vor dem Katzengehege des Zollstocker Tierheims. Sehnsüchtig glitt mein Blick über zwei Dutzend Katzen. Doch an keiner blieb er haften. Die junge Frau, die das Gehege betreut, sah mich von der Seite her prüfend an: "Kommen Sie mit", sagte sie und öffnete die Tür zu einem kleinen Raum mit der Aufschrift "Zutritt streng verboten".

Ein Bild des Jammers. In einer Art Kaninchenkäfig kauerte eine Katze, die nur noch ein paar Büschel Haare hatte. "Sie hat Hautpilz", erklärte die Pflegerin, "aber das ist nicht der Grund, warum wir sie isolieren mußten. Sie ist so sensibel, daß sie sich mit andern Katzen nicht verträgt. Und dann", fügte sie behutsam hinzu, "ist da noch etwas, was ich ihnen sagen muß: Sie ist hier abgegeben worden, weil sie nicht sauber war".

Ich hörte gar nicht hin. Nicht Mitleid beherrschte meine Seele, sondern jenes schicksalhafte Gefühl, das Goethe "Wahlverwandtschaft" nannte. Dies war meine Katze und ich war ihr Mensch.

"Es ist eine reine Kartäuserkatze", fuhr die Pflegerin fort. "Deshalb heißt sie Bruno. Weil der heilige Bruno von Köln den Kartäuserorden gestiftet hat." Und sie packte Bruno, der bei dieser Gelegenheit die letzten Haare verlor, in meinen Korb.

Es wäre ein Mangel an christlicher Demut, wollte ich alle die Werke der Barmherzigkeit schildern, die ich in den folgenden Wochen an Bruno vollbracht habe. Vom teuersten Tierarzt in Düsseldorf antimykotisch behandelt, mit Geschnetzeltem nach Zürcher Art verwöhnt, mit biologisch-dynamischen Gemüseflocken aus Frankreich verpäppelt, war Bruno schon nach einem Vierteljahr, in seinem stahlblauen Sammetfell, der schönste Kartäuser von Köln.

Doch je selbstloser ich ihn gesundpflegte, desto mehr wurde Bruno mir zum religiösen Ärgernis. Zum ersten Mal in meinem Leben, schien es mir, war ich an eine gottlose Katze geraten.

Von kosmischer Harmonie keine Spur. Wo immer er sich setzte, drehte Bruno mir den Rücken zu, verkrampft und feindselig. Und keine Meditation. Haben Sie es jemals erlebt, wie eine Kartäuserkatze ihre gelben Augen einen bösen Blick breit öffnet? Glauben Sie mir, eine graue Katze kann viel verteufelter sein als eine schwarze! In meinem Hause stank es wie in Dantes elftem Höllengesang.

Schon wollte ich Bruno aus religiösen Gründen ins Zollstocker Tierheim zurückbringen, als mir der heilige Thomas Morus in den Sinn kam. Thomas Morus stellte eines Tages fest, daß in seinem weitläufigen Haushalt in London ein Protestant war. Sollte er ihn verstoßen?

Nein, sagte sich der Heilige, so etwas wäre unchristlich. Also behielt er den Protestanten im Haus, ging ihm aber nach Möglichkeit aus dem Weg. Gemäß der Mahnung des Apostels Paulus im Brief an Titus, 3. Kapitel, 10. Vers: "Einen ketzerischen Menschen meide!"

Um Bruno nicht zu verstoßen, um ihn aber im Sinne des Apostels zu meiden, verlegte ich Brunos Töpfchen, Brunos Näpfchen, Brunos Kistchen alles in die Waschküche. Und damit ich ihm nicht einmal mehr die Tür zum Garten zu öffnen brauchte, schnitt ich ins Fenster der Waschküche ein kleines, nur mit einem Plastikvorhang verschlossenes Katzentörchen. "Une chatière", sagen die Franzosen.

Ein Wunder! Vom Augenblick an, als er durch sein eigenes Törchen beliebig kommen und verschwinden konnte, wandelte sich Brunos Wesen wunderbar. Beim Füttern ein erstes schnurrendes Streichen um die Hosenbeine. Fast so rein wie ein gregorianisches Alleluja ein erstes seliges Miau. Bruno wurde stubenrein.

Und dann ein Sprung auf meinen Schoß. Haben Sie es jemals erlebt, wie eine Kartäuserkatze ihre gelben Augen einen Spalt breit öffnet? Das ist viel mehr als Meditation. Aus Brunos Blick sprach reine Anbetung.

Siehe, die Katze ist doch von allen Lebewesen das religiöseste. Was Bruno von mir brauchte, ist genau das, was ich bei Gott suche: nicht karitative Betreuung, sondern Freiheit. Dies, sagt der heilige Augustinus, ist das innerste Wesen gesunder Religiosität: "Ama Deum et fac quod vis – Liebe Gott und tue, was du willst!"

## 2. Weisheit

# Von der Lust, ein Fremder zu sein.

Manchmal fragen meine deutschen Freunde mich, warum ich im Knopfloch meines Anzugs stets einen kleinen Spannungsprüfer trage. Die Antwort macht mich ein bißchen verlegen. Ich habe das Spannungsprüferchen bei mir, weil ich Gastarbeiter bin. Gewiß ist es keine Schande, im Paß eine Aufenthaltserlaubnis für Deutschland zu haben und im Knopfloch ein Spannungsprüferchen. Doch weiß ich aus Erfahrung, daß es meinen deutschen Freunden schwerfällt, den Zusammenhang zu begreifen.

Ich war noch gar nicht lang in Köln, als

über meinem Schreibtisch die Lampe abenteuerlich zu flackern begann. Beim Blick in den deutschen Zählerkasten war mir nicht geheuer. Besser gleich den einheimischen Fachmann kommen lassen. Und ich rief einen jener Dienste, die in deutschen Telephonbüchern als "Komme-sofort-Dienst" verzeichnet sind.

"Das werden wir sofort haben", sagte leutselig der deutsche Meister, als er am fünften Tage kam. In jener schwungvollen Art, die den Menschen in diesem Lande eigen ist, riß er meinen Zählerkasten auf und begann, mit dem Spannungsprüferchen darin herumzustochern. Sekunden später wandte er sich mir triumphierend zu: "Da haben wir es schon. Ihr Zählerkasten ist tot." Er deutete zum Fenster hinaus: "Die ganze Straße muß aufgerissen werden." Und mit einer weitausladenden Gebärde kündete der Deutsche mir gewaltige Erdbewegungen an.

Im Unterschied zur deutschen Lebensart ist die schweizerische darauf ausgerichtet, gewaltige Erdbewegungen zu vermeiden. "Vielleicht", sagte ich zu dem deutschen Meister so schonungsvoll als möglich, "vielleicht ist nur Ihr Spannungsprüferchen kaputt. Hier, nehmen Sie das meine."

Nie werde ich sein Gesicht vergessen. Im Augenblick nämlich, als mein schweizerisches Lichtlein, wie zu erwarten, hell erstrahlte, verfinsterte sich das Gesicht des Deutschen in unaussprechlichem Grimm.

Wir sind jetzt ganz nahe an der brennenden Frage, warum so viele Ausländer unbedingt nach Deutschland wollen. Sind das alles Wirtschaftsasylanten? Ich kann nur für mich selber sprechen. Mit meinem Spannungsprüferchen bin ich nach Deutschland gekommen, weil es in Deutschland wahnsinnig spannend ist. Wohlgemerkt, spannend für uns Ausländer, nicht für die Deutschen selbst.

Wenn ich zum Beispiel meinen deutschen Freunden das Erlebnis mit dem Kölner "Komme-sofort-Dienst" erzähle, zucken sie nur gelangweilt die Schulter. Daß nämlich einer, weil sein Spannungsprüferchen kaputt ist, gleich die ganze Straße aufreißen will, ist für sie nichts als grauer, banaler deutscher Alltag, von Kindesbeinen auf tausendfach erlebt. Ganz anders für mich, den Gastarbeiter,

Für mich ist das ein multikulturelles Aha-Erlebnis.

Die Deutschen sind ein großes Volk, wir Schweizer sind ein kleines. Der Große ist großzügig, der Kleine ist kleinlich. Weil der Sinn der Deutschen von morgens bis abends ins Große geht, übersehen sie leider von morgens bis abends das kleine, entscheidende Detail.

Sie waren doch sicher auch schon mal in Kenia im Urlaub. Ist es Ihnen aufgefallen, daß der schwarze Hotelboy gerade dann gelangweilt zum Himmel starrte, wenn Sie vor Aufregung fast in die Luft gingen? Was für ihn nur spannungsloser Alltag war, das war für Sie der faszinierende Einblick in die exotische Lebenswirklichkeit eines rätselhaft fremden Volkes.

Als Ausländer in Deutschland bin ich 365 Tage im Urlaub. Und was das schönste ist, ich brauche dafür nicht zu bezahlen wie Sie in Kenia. Im Gegenteil, die Deutschen bezahlen mich.

Das, liebe Ausländer, ist der Grund, warum der Haß auf uns so zugenommen hat. Gerade jene Männer hassen ja die Frauen, die im Grunde ihres Herzens liebend gern selbst Frau sein möchten. So auch verzehren sich die Deutschen vor Eifersucht, weil sie es uns Ausländern nicht gönnen mögen, in Deutschland zu leben und somit das ganze Jahr, spannenderweise, nichts als Ausländer um uns zu haben.

Die verlogenste Form der Aggression aber ist das Mitleid. Neuerdings bin ich ganz eingekesselt von Deutschen, die mich als verfolgte Minderheit verstehen wollen, die mir helfen wollen, mich zu integrieren, die mir gar das Wahlrecht aufdrängen wollen.

Merci vielmals. Ich bin doch eigens aus der Schweiz weggelaufen, weil ich dort zu gut integriert war, weil ich dort alle paar Wochen wählen gehen mußte. Weil die Geborgenheit der Heimat mir weniger bedeutet als die Lust, ein Fremder zu sein.

Wenn nur die kleinen, praktischen Details des Lebens in Deutschland nicht so im argen lägen. Wenn es um die Hygiene ein bißchen besser stünde, um die Arbeitsmoral. Wenn die Stromversorgung ein bißchen besser klappen würde. Aber bin ich nach Deutschland gekommen, um zu meckern?

Im Gegenteil. Statt meine Klappe sinnlos aufzureißen, halte ich – als erste Hilfe zur Selbsthilfe – im Knopfloch stets mein schweizerisches Spannungsprüferchen bereit.

3. Weisheit

# Die Unterhose über Grönland.

Wenn ich mich hiemit anschicke, einige ganz persönliche Gedanken über die Unterhosen meiner Frau vorzutragen, so weiß ich mich des ungeteilten Beifalls aller von vornherein nicht unbedingt gewiß. Selbst der geneigte Leser wird beklommen fragen, warum und wie ich dazu kam, mich um die Unterhosen meiner Frau in einem Maße zu kümmern, das den Rahmen des Üblichen, ich will nicht sagen des Normalen, sprengt.

Es war auf einem langen Heimflug aus Los Angeles. Ich hatte dort wichtige Gespräche geführt, so daß mich jetzt, über Grönland, die Müdigkeit übermannte. "Komm", sagte ich zu meiner Frau, "ich will schlafen, gib mir zwei Kugeln Ohropax." Sie aber, die aufgeregt dem Geschehen vorn auf der Leinwand folgte, nahm ihre Kopfhörer gar nicht ab, sondern drückte mir nur ihre Bordtasche unwillig auf die Knie: "Da! Bedien Dich selbst. Aber mach das Licht nicht an, es blendet mich."

Ich tat wie geheißen. Quer durch die Tasche meiner Frau fingerte ich im Dunkeln nach dem unverkennbar griffigen Plastikdöschen von Ohropax.

Da! Was war das? Im mittleren Fach, da, wo sie das Geld hat, die Reiseschecks und ihre Personalpapiere, ertastete ich plötzlich etwas unverkennbar Weiches. Etwas unverkennbar Sanftes. Etwas unverkennbar Schlüpfriges. Kein Zweifel, ich hielt eine Damen-Unterhose in den Fingern.

Jetzt konnte ich nicht mehr schlafen. Aber ich bin in einem Alter, in dem ein Mann sich zu beherrschen weiß. Erst als der Film zu Ende war, stellte ich meine Frau sachlich, aber entschlossen zur Rede. "Ach so", sagte sie fast unwillig, "Du meinst den Slip. Das ist doch nichts Besonderes. Das ist nur mein Slip gegen Flugzeugentführungen. Bei der Art, wie wir in der Welt herumfliegen, ist das ja nur eine Frage der Zeit, wann wir einmal das Opfer einer Flugzeugentführung werden." Der Gedanke aber, fügte sie hinzu, vier oder fünf Tage im Flugzeug festzusitzen, ohne wenigstens einmal ihre Unterhose wechseln zu können, sei ihr ganz unerträglich.

Wie immer, wenn mich die Banalität des Weiblichen überwältigt, erzählte ich den Zwischenfall über Grönland meinem Freund Herbert. Herbert ist ein pensionierter evangelischer Pfarrer und er ist ein Deutscher. Wie alle Deutschen war Herbert früher mal im Widerstand tätig gegen Hitler. Im Unterschied zu den meisten anderen Deutschen hat er aber auch dafür im Zuchthaus gesessen. Alle Jahreszeiten einmal treffen wir uns zu einer Flasche Bordeaux. Und zu einem Gespräch von Mann zu Mann.

Herbert, sonst ein Freund des raschen Witzes, wurde, als ich ihm die Geschichte von der Unterhose über Grönland erzählte, immer stiller, immer ernster. "Weißt du was", sagte er leise, "im Herbst 1944 habe ich im Zuchthaus Halle etwas ganz Ähnliches erlebt."

Alliierte Bomber hatten das Amtsgerichtsgefängnis von Halle in Schutt gelegt. Für die überlebenden weiblichen Häftlinge wurde im nahegelegenen Zuchthaus ein Flügel geräumt. "Kaum waren die Frauen einquartiert", erzählte Herbert, "so herrschte in unserem Zuchthaus eine Stimmung, als wäre der Krieg zu Ende. Jedenfalls war es aus mit dem politischen Ernst. Aus allen Fenstern der mit Frauen belegten Zellen flatterten fröhlich, friedlich, weiß frischgewaschene Unterhosen zwischen den Gitterstäben." Niemand hatte es vorgesehen, niemand erlaubt. "Aber glaube mir", sagte Herbert, "keine Gestapo der Welt ist einer Frau gewachsen, die eine frische Unterhose haben will."

Einen Augenblick schwiegen wir beide. Dann schenkte Herbert nach. "In allen Lebenslagen", fuhr er fort, "in denen ein Mann zuerst an Politik denkt, an Terror, Krieg und Mord, denkt eine Frau zuerst an ein paar frische Unterhosen. Vielleicht sollten wir uns nicht scheuen, diesen bemerkenswerten Unterschied zum Gegenstand eines Workshops auf dem nächsten Kirchentag zu machen. Die Zeiten, in denen mancher glaubte, die Unterhose seiner Frau als etwas Unwichtiges, ja als etwas Frivoles abtun zu können, diese Zeiten, Freund, sind jedenfalls vorbei. Was hier und heute dem Denken greifbar näherrückt, ist mehr als nur das letzte Geheimnis zwischen Mann und Frau. Es ist der wesenhafte Unterschied zwischen Krieg und Frieden."

Mit diesen Worten griff Herbert ein letztes Mal zur Flasche. Besinnlich, ernst, fast feierlich hob er sein Glas: "Hoch lebe, Freund, die Unterhose deiner Frau!"

4. Weisheit

# Mein 80. Geburtstag.

Manchmal werde ich gefragt, ob ich an die göttliche Vorsehung glaube. Die Antwort fällt mir leicht: Bis zu meinem 80. Geburtstag habe ich nicht an die göttliche Vorsehung geglaubt. Aber jetzt glaube ich an sie.

Die Umstände fügten es, daß ich meinen achtzigsten Geburtstag in Australien feierte, in Queensland, hoch oben im Nordosten, am Rande der Savanne. Ich wohnte dort ganz allein in einem Blockhaus. Wenn ich auf der Veranda saß, sah ich hinaus auf einen kleinen Weiher, den Schraubenpalmen und Eukalyptusbäume locker umsäumten.

Noch am Tag vor dem Fest war ich eigens nach Rollingstone gefahren – so heißt dort die nächste Stadt –, hatte eine kostbare

Flasche Penfolds Grange Hermitage gekauft und einen neuen Walkman mit fünf Equalizern. So saß ich jetzt in meinem Schaukelstuhl auf der Veranda vor dem Blockhaus, trank Australiens besten Wein, hörte die Königlichen Konzerte von François Couperin und sah im abendlichen Dämmerlicht hinaus in eine Landschaft, deren zarte Pastelltöne schon die malerische Vollkommenheit der australischen Wüste ankündigten. Die Welt war schön. Und es fehlte mir zum vollkommenen Glück nur eines: ein ganz klein bißchen menschliche Gesellschaft.

In diesem Augenblick raschelte etwas hoch oben in der Schraubenpalme vor meiner Veranda. Jäh kam es durch die Luft gesprungen. Klatsch, landete es auf dem Geländer, einen Arm weit vor meinem Schaukelstuhl. Blieb reglos liegen. Und sah mir staunend ins Gesicht.

Ein Baumfrosch. Er war etwa zwei- bis dreimal so groß wie ein Frosch bei uns und einfarbig grasgrün. Mit seinen kugeligen Augen, mit seinem enormen, rundum fest zusammengepreßten Maul sah er mich an, als ob er sich mit größter Mühe nur das Lachen über mich verbeißen könne.

Aus Angst, ihn zu verscheuchen, wagte ich nicht die geringste Bewegung. Auch der Frosch regte sich nicht. Nur die Knopfaugen rollte er von Zeit zu Zeit. Plötzlich merkte ich, was der Frosch tat. Ein kölsches Wort kam mir dafür in den Sinn: Hä tät misch belure.

Er belugte mich. "Was bist du für ein komischer Kerl?" schien er zu sagen. "Sitzest an deinem 80. Geburtstag allein im australischen Busch. Mit einer Flasche Penfolds Grange Hermitage und einem Walkman mit fünf Equalizern als einzigen Gefährten."

Ich hatte jetzt Lust auf einen Schluck Wein. So sachte als möglich führte ich das Glas zum Munde. Der Frosch rührte sich nicht. Dann war auch das zweite Königliche Konzert zu Ende. Für das dritte mußte ich die Kassette wechseln. Den Frosch störte es nicht. Da wurde mir klar, daß ich ganz unbekümmert trinken und Musik hören, ja, daß ich aufstehen und zurück ins Blockhaus gehen konnte, um mir etwas zu essen zu holen. Der Frosch war ja nicht zufällig gekommen, und so würde ihn auch kein Zufall wieder verscheuchen.

"Manchmal", heißt es in der Bhagavadgita, "erscheint Gott in menschlicher Gestalt." Dieser eine kleine Satz in der Heiligen Schrift der Hindus hat mir stets mehr bedeutet als unser ganzes Neues Testament. Jetzt aber erkannte ich, daß auch in der Bhagavadgita etwas ungesagt geblieben ist: Manchmal erscheint Gott in der Gestalt eines Frosches.

Es war nach Mitternacht, der Penfolds Grange Hermitage war ausgetrunken, die Königlichen Konzerte waren alle sechs vorbei. Ich stand auf, um schlafen zu gehen. Da bewegte sich zum ersten Mal auch der Frosch. Er drehte sich auf dem Geländer und wandte mir, zum Sprung bereit, den Rücken zu. Doch sind die Kugelaugen der australischen Baumfrösche so groß, daß er mich weiter in seinem Blickfeld hatte. Rückwärts tät hä misch ein letztes Mal belure. "Also dann", sagte sein Blick, "das war dein 80. Geburtstag. Wir sehen uns bald wieder."

Sprach's und verschwand in der grenzenlosen australischen Nacht.

5. Weisheit

# Die Auferstehung von Solothurn.

Der Schwabe Bertold Brecht hat seine Großmutter eine "unwürdige Greisin" gescholten. Zum Ärger ihrer Kinder scheute sie sich nicht, das Geld ihres verstorbenen Mannes auszugeben und nach den langen Jahren ehelicher Knechtschaft ein letztes Jahr der Freiheit zu verkosten.

So gesehen war meine schweizerische Großmutter eine würdige Greisin. Einen kleinen Schatz an Wertpapieren, von New York bis Johannesburg, hatte mein Großvater ihr hinterlassen. Es war alles abgespart von ihrem Mund. Jetzt aber, wenn die Nachbarin klopfte und fragte, ob sie nicht mitkommen und im "Rössli" Felchen essen wollte, schüttelte sie den Kopf. Ein Leben lang hatte ihr Mann sie geplagt und kurzgehalten. Aber ohne ihn das Leben genießen mochte sie nicht.

Ein Jahr später bekam ich die Nachricht, daß die Großmutter eine Streifung gehabt habe. Das ist ein schweizerisches Wort für einen ganz leichten, unmerklichen Schlaganfall. Dann rief ihr Arzt an. Die alte Frau, sagte er, sei jetzt auf der linken Seite gelähmt. Sie liege im Pflegeheim und verlange dringend nach meinem Besuch.

Im Rollstuhl festgebunden saß sie am Fenster. Schön wie eine Puppenstube lag unten das Dorf. Ein großes Industriedorf im Kanton Solothurn. Mit einem Dutzend Uhrenfabriken. Mit den drei Kirchen, der katholischen, der altkatholischen und der reformierten. Und unten am Bahnhof das eigentliche Herz allen schweizerischen Lebens: der Supermarkt des Migros-Genossenschaftsbundes. "Wir haben einen ganz großen Migros", pflegte meine Großmutter zu sagen, wenn die Welt in Ordnung war.

Sie wandte mir den Blick zu. Ihre Stimme klang heiser und bedrückt. "Der Conrad ist zurückgekommen", sagte sie, "dein Großvater ist wieder da." Etwas ruhiger, schon fast im Ton der Selbstverständlichkeit, fügte sie hinzu: "Ich habe ihn gesehen. Er ist mir im Migros begegnet."

Erleichtert atmete ich auf. Mochte das Gehirn der Greisin gelitten haben, so war doch ihre Welt heil geblieben. Wenn ein Schweizer, aus dem Jenseits kommend, sich zuerst im Migros zeigt, dann ist das, wie wenn ein Amerikaner bei Mac Donald's auferstünde.

Kurz vor Ostern war es, als der Arzt ein zweites Mal anrief. Wenn ich meine Großmutter noch einmal sehen wolle, müsse ich bald kommen.

Das Bett, in dem sie diesmal lag, war wie ein Kinderbettchen vergittert. Warum verstand ich nicht, sie konnte ja kaum noch den Kopf bewegen. Und doch zitterte sie vor Erregung: "Ich habe dich kommen lassen wegen deinem Großvater", sagte sie, "er läuft im ganzen Dorf herum."

Nicht nur im Migros habe sie ihn gesehen, sondern auch am Denkmal bei der Kirche. “Da, wo sonst nur die Italiener herumstehen.” Der Frau Scheller sei er am Süd-Bahnhof begegnet. “Hat die Frau Scheller dir so etwas erzählt?” fragte ich erschrocken. Sie schüttelte den Kopf: “Das ist es ja. Alle reden nur hinter meinem Rücken darüber. Gottlob, daß meine Mutter das nicht mehr erlebt. Du kannst dir ja vorstellen, was er getrieben hat, als ich solang nichts mehr von ihm sah.”

Begütigend fuhr ich ihr durchs Haar. Die Stirn war fiebrig verschwitzt. “Großmutter”, sagte ich, “das alles träumst du nur. Dein Mann ist tot. Sie haben ihn kremiert.”

Es hätte ihres argwöhnischen Blickes nicht bedurft. Ich selber spürte, daß das nur die halbe Wahrheit war. Mühsam versuchte ich eine zweite Erklärung: “Großmutter, wenn einer stirbt, dann heißt das trotzdem nicht, daß er nicht mehr da ist. Etwas von ihm bleibt. Auch von deinem Mann ist etwas geblieben. Ganz nahe ist es um dich. Deshalb hast du diese Träume. Aber das heißt nicht, daß er wirklich da ist. Nur im Geist ist er bei dir, nicht in Fleisch und Blut.”

Jäh fuhr der Kopf der Greisin aus dem Kissen hoch. Ihre Stimme war vor Zorn klar und kräftig: "Das würde ich mir auch verbitten, daß der in Fleisch und Blut zurückkommt. Bei allem, was ich mitgemacht habe mit dem."

So ist das mit der Auferstehung im Kanton Solothurn. Der Tod ist wirklich. Die Auferstehung auch, vorausgesetzt der Auferstandene bleibt mit Fleisch und Blut im Jenseits. Von dort darf er den Seinen gelegentlich erscheinen.

Als schön verklärter österlicher Traum.

## 6. Weisheit

# Warum ich Adolf Hitler gut verstehen kann.

Urteile zu fällen über andere Menschen, hat Max Weber gesagt, ist sinnlos, solange nicht dem Willen zu urteilen die Fähigkeit vorausgeht zu verstehen. "Verstehen" aber heißt nach Weber, sich in einen anderen Menschen so hineinversetzen, als wären seine Leidenschaften, seine Taten, meine eigenen.

Das ist der Grund, warum es mich lange bedrückt hat, daß ich Adolf Hitler nicht verstehen konnte. Was nützt es, den Führer als böse zu verdammen, wie das die Deutschen post cladem tun. Einen Menschen verdammen, ohne ihn zu verstehen, ist, theologisch gesprochen, ein peccatum intellectus, ein Sündenfall des Verstandes.

Um es besser zu machen als die Deutschen, wandte ich mich zuerst an einen Verlag, der seinen Sitz im Fürstentum Liechtenstein hat und sich "Postfach 121" nennt. Gegen Vorauszahlung in Schweizer Franken bekam ich ein dickes Paket voll Langspiel-Platten: "Adolf Hitler spricht. Ein Beitrag zur staatspolitischen Aufklärung."

Des Abends saß ich jetzt im Musikzimmer und hörte, statt Flötenmusik von Frescobaldi, Hitlers Rede zur Machtübernahme. Statt Couperins Königlichen Konzerten hörte ich Hitlers Rede im Bürgerbräu. Aber schon bei Hitlers Rede zum Einmarsch in Prag, lange vor dem 2. Weltkrieg, schaltete ich das Grammophon in heller Verzweiflung ab.

Unbegreiflich, unverständlich bleibt mir, wie ein Mensch, ein Österreicher gar, die deutsche Sprache so drohend und zugleich so gehetzt aus sich herauspressen kann. Als sei die Gemütskrankheit zum politischen Prinzip erhoben worden, so klingt Hitlers Stimme mir im Ohr.

Den zweiten Versuch wagte ich in Paris. In einem jener winzigen Buchläden an der Seine, die von faschistischer Nostalgie strotzen, kaufte ich "Mein Kampf". Als ich zurückkam ins Hotel Turenne, war mir eiskalt. Das Thermometer zeigte unterm Arm 40 Grad. Mit Adolf Hitlers Buch legte ich mich fiebernd ins Bett.

Als die Patronne heraufkam, um mir zum Einschlafen einen Kamillentee zu bringen, fuhr sie an der Tür entsetzt zurück. Auf dem nackten Boden lag ich und wälzte mich vor Lachen.

Losgelöst von der gewalttätigen Stimme, auf dem toten Papier, wirken Hitlers Gedankengänge meisterhaft komisch. Das liegt daran, daß er sehr wohl ein Meister unserer Sprache war. Neben manchen Vorzügen hat das Deutsche ja auch ein paar fatale Eigenschaften. Wir sprechen fahrig, weitmaschig und ungeformt, vor allen Dingen neigen wir, vorgeprägt durch unsere Sprache, zu einer Sorte Tiefsinn, die gleichbedeutend ist mit Unsinn. Alle diese Fatalitäten der deutschen Sprache hat der Führer meisterhaft beherrscht.

Einen Menschen verlachen heißt nicht ihn verstehen. Aus Paris heimgekehrt nach Solothurn, in die Schweiz, entschloß ich mich zu einem dritten Versuch.

Es ist erstaunlich, wie weit im Osten Braunau liegt. Von Solothurn an der Aare nach Braunau am Inn ist das im Auto eine Tagesfahrt. Über Memmingen, München und Altötting kam ich am späten Nachmittag an der Brücke nach Braunau an.

"Was will denn ein Schweizer in Braunau?" fragte gönnerhaft der deutsche Grenzbeamte. "Ich möchte mir", antwortete ich wahrheitsgemäß, "Hitlers Geburtshaus ansehen." – "Soso", erwiderte der Deutsche, "dann muß ich Sie bitten, einen Augenblick zu warten." Und er verschwand mit meinem Paß.

Abertausendmal bin ich über die deutsche Grenze gefahren. Jetzt bekam ich zum ersten Mal einen deutschen Stempel in meinen schweizerischen Paß. Es handelt sich um ein großes, mit sechs Ecken eingerahmtes A. "Ah, ah", sagte der österreichische Grenzer auf der andern Seite der Brücke, "A wie

Adolf, aha." Und er wies mir lachend den Weg zu dem Haus.

Selten hat mir ein Haus so auf den ersten Blick gefallen wie Adolf Hitlers Geburtshaus. So, genauso ursprünglich, zeitlos und echt sehen auch bei uns zu Hause in Solothurn die alten Bürgerhäuser aus. Wie bei uns in Solothurn sind auch hier die mächtigen Außenmauern zum Schutz gegen Erdbeben nach außen etwas gespreizt. Wie manches Jahrhundert das alte Haus in Braunau wohl unerschüttert überstanden hat? Man sieht ihm an, daß sich seit 1945 niemand mehr getraut hat, einen Pinsel anzulegen. Das alte Rot der Fassade wirkt umso tiefer, umso ursprünglicher.

Darum herum eine Stadt, in der alle Maße stimmen. Braunau ist viel kleiner als das nahe Passau. Umso schöner ist das Gesamtbild erhalten. So schön wie Solothurn über der Aare liegt Braunau über dem Inn: ein Denkmal völlig intakter alpenländischer Tradition.

Und darum herum, wie bei uns in Solothurn, eine völlig intakte Umwelt. Auf den alten Terrassen über dem Inn, auf dem alten Platzerl vor Hitlers Geburtshaus nichts als das heile Grün kraftstrotzender Bäume.

Vor allem die zwischenmenschlichen Beziehungen sind in Braunau noch intakt. Nicht einen einzigen seelenlosen Supermarkt habe ich gesehen. Das Städtchen ist voll von traulichen Tante-Emma-Lädchen, in denen niemand hetzt, in denen alle herzlich und gemütlich miteinander verweilen. Die Mädchen in Braunau sind schön und sie lachen gern.

Die Abendsonne lag golden über Braunau, als ich zurückfuhr über den Inn. Der deutsche Beamte wollte das verdächtige A in meinem Paß gar nicht sehen. Achtlos winkte er mich vorbei. Und auch ich achtete seiner kaum. Zu sehr war ich mit meinen eigenen Gedanken beschäftigt, zu tief erschüttert und erregt. Was los war mit Adolf Hitler und wie er zum Massenmörder werden konnte, ich konnte es jetzt nachfühlen. Ich hatte es verstanden.

Der Führer stammt, genau wie ich, aus völlig intakten Verhältnissen.

## 7. Weisheit

# Mehr als Archimedes.

Eins weiß ich besser als ihr alle: was Archimedes empfand, als er im Bade lag, und ihm das Heureka der Erleuchtung entfuhr. Was vorging in Isaac Newton, als ihm der Apfel auf den Kopf fiel, und was für ein Gefühl Albert Einstein überwältigte, als er das Gesetz der Relativität erkannte – dies wußte ich schon besser als ihr alle, als ich noch nicht einmal lesen oder schreiben konnte.

Aber ging ich auch noch nicht zur Schule, so ging ich doch bereits zur Kirche. An einem Sonntagmorgen fügten es die Umstände, daß ich ein paar Minuten zu spät zur Messe kam.

Schon hatte der Priester mit dem "Asperges me" begonnen, und so konnte ich nicht mehr nach vorne rechts zu den Bänken für die Knaben. Rechts bei den Männern hatte ich nichts zu suchen, und links mich hinzustellen zu den Frauen, verbot die Ehre mir. So gab es für mich kleinen Bub nur einen Platz. Das war die Nische ganz rechts hinten. Ganz rechts hinten aber, neben dem Weihwasserbecken, stand bereits er.

Er, das war ein mongoloider junger Mann, großgewachsen, blond und vielleicht zwanzigjährig. Seine Mutter, eine kleine, gebückte Frau, pflegte ihn, da sie ihn ja nicht mit zu den Frauen nehmen konnte, vor der Messe auf der Männerseite zuhinterst, neben dem Weihwasserbecken, abzustellen, recht so wie andere einen Hund vor einem Laden abstellen. Jetzt stand ich neben ihm und sah zu ihm hinauf.

Obwohl er sich mit den Füßen nicht von der Stelle rührte, war das Gebärdenspiel seines Gesichts und seiner Hände von großer Lebhaftigkeit. Weil er aber soviel größer gewachsen war als ich, und weil ich mich zuerst nur verstohlen getraute, zu ihm aufzusehen, dauerte es eine ganze Weile, bis ich durchschaute, was er tat. Der Schwachsinnige machte jede Geste des Priesters vorn am Altar nach.

Dies war noch die Zeit des alten lateinischen Ritus, und wer nicht mehr weiß, was das war, dem sei gesagt, daß dies ein Ritus von großer Kompliziertheit war. So kompliziert, daß ich ihn, obwohl ich selber als Kind Messdiener war, nie ganz verstanden habe, und deshalb bei jeder Messe, sei es mit dem Messbuch, sei es mit der Glocke, sei es mit dem Weihrauchfaß, etwas falsch machte.

Der Schwachsinnige machte nichts falsch. Ob der Priester am Altar die Hände ausbreitete oder faltete, ob er den Kelch hob oder das Missale küßte, hinten neben dem Weihwasserbecken, im Halbdunkel neben mir machte der Mongoloide jede Bewegung richtig nach.

Machte er sie nach? Nein, im Gegenteil. Bei jeder rituellen Geste kam der Schwachsinnige dem Priester um zwei bis drei Sekunden zuvor. Dann blickte er gebannt nach vorn. Sah er dann, daß der Priester wirklich die gleiche Gebärde nach-vollzog, dann schüttelte er sich vor Lachen, ganz lautlos, doch mit weit aufgerissenem Mund. Barlach allein hätte das Lachen dieses Mongoloiden malen können und das maßlose Glück der Erkenntnis, das in diesem Lachen lag.

Der Schwachsinnige hatte wohl keinen Zusammenhang verstanden, wohl aber eine Abfolge, und zwar eine recht schwierige. Er war fähig zum wichtigsten Akt der Wissenschaft, nämlich zur Voraussage. Und diese Fähigkeit des menschlichen Geistes erfüllte ihn mit reinem Glück. Heureka!

Seit jenem Kindheitstag sind viele Jahre ins Land gegangen. Der Mongoloide ist schon lang gestorben. Ich komme auch nicht mehr zu spät zur Kirche, sondern gar nicht mehr. Manchmal aber gerate ich unter Leute, die sich fragen, ob es so etwas wie Erkenntnis gebe, und was das sei, des Menschen Geist.

Bei solchen Gesprächen pflege ich zu schweigen mit dem Lächeln dessen, der es besser weiß. Ich bin ja als kleiner Bub einmal zu spät zur Kirche gekommen und habe so, eine heilige Messe lang, aufgeschaut zu einem Mongoloiden.

Und siehe, neben mir stand mehr als Archimedes.

8. Weisheit

# Wer Augen hat zu sehen, der sehe.

Manchmal werde ich gefragt, wie denn der Arbeitstag eines Schriftstellers aussehe. Bei mir verläuft er so: Ich stehe um sechs Uhr früh auf und schreibe dann bis kurz vor zehn. Länger nicht, selbst Thomas Mann, der fleißigste von allen, war nicht fähig, länger als vier Stunden am Tag zu schreiben. Daß heißt, daß mein Arbeitstag morgens um zehn zu Ende ist. Ich gehe dann in Köln spazieren.

Mein erstes Ziel ist ein Zeitungskiosk. Ihm nähere ich mich jeden Morgen mit leiser Spannung. Wird meine Zeitung da sein? Es ist "Le Figaro". Doch habe ich leider einen Freund, der gerade deshalb mein Freund geworden ist, weil auch er jeden Morgen am selben Kiosk nach dem "Figaro" fragt. Da aber der Kiosk hartnäckig jeden Tag nur zwei französische Blätter bezieht, nämlich ein Exemplar von "Le Figaro" und ein Exemplar von "Le Monde", so muß jener von uns beiden, der später kommt, mit "Le Monde" vorlieb nehmen. Das ist das eine.

Und wer wird mich bedienen? Das ist die andere, viel spannendere Frage. Wird es die Mutter sein? Sie ist, was man im Rheinland als "vital und attraktiv" bezeichnet. Das heißt, daß ich als Schweizer im Gespräch mit ihr stets ein leises Gefühl der Überforderung empfinde. Doch schätze ich die kräftige Beobachtungsgabe dieser Frau und ihre Fähigkeit zum unverblümten Urteil. Und die Freundlichkeit, mit der sie mich gerade deshalb bedient, weil ich ein Fremder bin.

Die Tochter ist ganz anders. Sie kommt mir vor wie eine lebendige Bestätigung für das chinesische Sprichwort, daß ein Mensch das Kind seiner Zeit, nicht seiner Eltern sei. Mein Freund hat ihr den Spitznamen "Die mittlere Reife" gegeben. Wie die meisten jungen Deutschen sieht sie nämlich in die Welt, als ob sie mit der mittleren Reife geboren wäre.

Trotzdem fühle ich mich mehr zur Tochter hingezogen. Mich reizt gerade die Schwierigkeit, dieser jungen Frau ein erstes Lächeln zu entlocken. Oder sonst eine Regung menschlicher Mitteilsamkeit. "Sagen Sie", fragte ich sie vorgestern, "war mein Freund schon hier?"

"Das weiß ich nicht", antwortete sie dünn, "ich kenne Ihren Freund nicht." "Aber doch", entgegnete ich, "Sie haben ihn schon oft gesehen."

"Wie sieht Ihr Freund denn aus?" fragte sie noch dünner. Da sagte ich das erste, was mir in den Sinn kam: "Mein Freund sieht aus wie ein marokkanischer Jude."

Im Augenblick, als dieser Satz mir entfuhr, erstarrte das junge Mädchen wie Lots Weib. "Wie?" fragte sie schrill und jedes Wort einzeln betonend, "wie – sieht – ein – marokkanischer – Jude aus?"

"Wenn Sie wissen wollen, wie ein Schweizer Kleinbürger aussieht", antwortete ich, "dann brauchen Sie nur mir ins Gesicht zu sehen. Und wenn Sie wissen wollen, wie ein marokkanischer Jude aussieht, dann brauchen Sie nur über die Straße zu sehen. Da drüben kommt mein Freund."

Mit dem, was jetzt geschah, hatte ich nicht gerechnet. Das Mädchen weigerte sich, über die Straße zu sehen. Und als mein Freund zum Kiosk trat, um seine Zeitung zu kaufen, bediente sie ihn mit abgewandtem Kopf. In ihren sonst so teilnahmslosen Augen aber flackerte panische Angst.

"Was ist denn heute nur los mit der 'Mittleren Reife'?" fragte mein Freund ahnungslos, als wir zusammen weggingen vom Kiosk. Ich erzählte ihm den Zwischenfall. Er schüttelte nur den Kopf. "Das arme Mädchen", sagte er, "ist durch eine neudeutsche Schule gegangen. Dort hat sie gelernt, daß Vorurteile etwas ganz Böses sind. Jetzt traut sie ihren eigenen Augen nicht mehr. Sie hat Angst davor, mit eigenen Augen zu sehen, daß ein marokkanischer Jude wirklich anders aussieht – ganz anders als zum Beispiel ein schweizerischer Spießbürger." Und er musterte mich von oben bis unten so gnadenlos, daß ich gar nicht merkte, wie er mir zu gleicher Zeit den "Figaro" heimlich aus der Tasche zog.

Das Erlebnis schien mir so bemerkenswert, daß ich es gestern gleich in aller Frühe niederschrieb. Und ich ergänzte das Urteil meines jüdischen Freundes durch ein paar eigene Gedanken. Auch ich habe nämlich den Eindruck, daß man den Deutschen mit ihren alten Vorurteilen auch die Fähigkeit zur Wahrnehmung aberzogen hat. Wer Augen hat zu sehen, der sieht, daß ein Neger anders aussieht als ein Eskimo. Daß er sich anders bewegt und daß er anders denkt. Daß er, mein Gott, anders riecht. Wer dieses nicht mehr sehen darf und nicht mehr kräftig, bildhaft auszudrücken wagt, der kann auch nicht mehr denken. Denken kann nur, wer es wagt, aus der Vielfalt der Erscheinungen das Typische hevorzuheben. So ist es zum Beispiel typisch, daß ich einen viereckigen Schädel habe und mein Freund eine krumme Nase. Wenn dieses nicht mehr ausgesprochen werden darf, ja wenn man es nicht einmal mehr denken darf, dann wird mit dem letzten Vorurteil bald auch in Deutschland der letzte klare Gedanke ausgerottet sein.

Mit diesem klaren Gedanken im Kopf begab ich mich gestern morgen um zehn auf meinen gewohnten Spaziergang. Doch beim Gedanken, zum Kiosk zu gehen, erfüllte mich ein Unbehagen. Mich abermals der geballten Säuernis neudeutscher Vorurteilslosigkeit auszusetzen, empfand ich, selbst für den "Figaro", als einen zu hohen Preis. Schon wollte ich einen Bogen um den Kiosk schlagen, als ich sah, daß heute die Mutter am Fenster war. Rasch fertigte sie die andern Kunden ab. Dann beugte sie sich so weit als möglich zu mir heraus. "Meine Tochter hat mir alles erzählt", sagte sie im Tonfall freundlichen Vertrauens. "Ich verstehe gar nicht, daß Sie daraus so lange ein Geheimnis machen mußten." Lächelnd schüttelte sie den Kopf: "Wissen Sie, mir brauchten Sie es gar nicht zu erzählen. Ich habe Ihnen gleich am ersten Morgen angesehen, daß Sie ein marokkanischer Jude sind."

Mit diesen Worten reichte sie mir die Zeitung: "Es ist Le Monde", sagte sie teilnahmsvoll. "Ihr Freund, der junge Schweizer, hat sich den Figaro bereits geholt."

9. Weisheit

# Der Bäcker von Ongarou.

Manchmal werde ich gefragt, warum ich mein Bier nicht kalt trinke, sondern lau. Dann sage ich: "Das habe ich gelernt beim Bäcker von Ongarou."

Ongarou ist ein Dorf im Osten von Burkina-Faso, am südlichen Rand der Sahelwüste. In Ongarou endet die Straße und beginnt die Piste. Drei Wochen lang habe ich in diesem Dorf Station gemacht. So wurde ich der Freund des Bäckers. Tags aß ich sein Brot, nachts saß ich mit ihm am Straßenrand. Unter dem Sternenhimmel Afrikas tranken wir ein herrlich laues Bier aus Bobo-Dioulassou und sprachen über Gott und die Welt.

Am Ende der dritten Woche, am letzten Abend vor meiner Abreise, ging der Bäcker in seine Lehmhütte, brachte seine Frau heraus und stellte sie mir vor. Auf der Stelle verstand ich, warum er sie so lange vor mir verheimlicht hatte. Denn sie war sehr schön.

"Dies ist meine erste Frau", sagte er zärtlich. "Drei Jahre habe ich gespart, um sie kaufen zu können. Und jetzt", fügte er hinzu, als verrate er mir ein glückliches Geheimnis, "jetzt spare ich schon für die zweite."

"Warum", fragte ich und sah die junge Frau mitfühlend an, "warum brauchst du eine zweite? Diese hier ist doch so schön."

Verblüfft sah er mich an. Verblüfft und gekränkt. "Aber ich kaufe die zweite Frau doch nicht für mich", sagte er. "Ich kaufe sie für diese hier, für die erste."

Verstimmt setzten wir uns wieder an den Straßenrand. Endlich brach der Bäcker das Schweigen: "Es hat Zeiten gegeben", sagte er leise, "da hatte mancher Mann fünf oder sechs Frauen. Aber das ist vorbei. Eine überholte Lebensweise ist das. In die Gegenwart paßt sie nicht mehr."

Er schwieg erneut. "Es gibt aber heute Leute", fuhr er endlich fort, "die wollen nur noch eine Frau. Das sind Dummköpfe, die gar nicht wissen, wie sehr sie gerade der Frau damit schaden. Eine Einzelfrau ist ja immer eine einsame Frau. Sie grübelt, sie ist traurig, sie ist schwierig und hat Depressionen aller Art. Die Einzelfrau ist eine Problemfrau. Weil sie allein leben muß, ist sie unglücklich."

Sinnend sah der Bäcker von Ongarou zu Boden. "Der wahre Fortschritt", sagte er dann, "liegt in der Mitte. Nicht mehr sechs Frauen, das schafft heute keiner mehr. Aber auch nicht eine schwierige Einzelfrau. Nein, die Zukunft gehört dem Zwei-Frauen-System. Das Zwei-Frauen-System ist fortschrittlich und psychologisch gesund."

Ich sah empor zum hellen Sternenhimmel Afrikas und wußte nicht, was sagen. Zu sehr verblüffte mich die Symmetrie zwischen diesem Gedankengang über Frauen und all dem, was ich so oft in Europa von aufgeschlossenen Eltern über die wünschbare Zahl der Kinder gehört hatte. Doch beschloß ich in jener Nacht, mein Bier künftig nur noch lau zu trinken. Zum ehrenden Gedenken an den Bäcker von Ongarou. Er ist, so glaube ich, der Inbegriff des modernen, fortschrittlichen, psychologisch aufgeschlossenen Menschen.

10. Weisheit

# Gott in Linz am Rhein.

Es gibt im ganzen Rheinland kein schöneres Café als das kleine "Winzerhaus" am Waldesrand hoch über Linz am Rhein. Fast jeden Sonntag sitze ich dort, trinke mein Kännchen Tee zu vier Mark und weiß gar nicht, was mir am besten gefällt. Ist es der knirschende Kies unter den alten Kastanienbäumen? Ist es der wilhelminische Charme des alten Winzerhauses selbst? Ist es der "herrliche Ausblick auf Rhein, Ahr und Eifel", den eine vergilbte Tafel am Aufgang zur Terrasse nicht zu Unrecht verspricht? Oder ist es der lyrische Gruß, mit dem der weißhaarige Wirt seine treuen Gäste willkommen heißt?

"Halt Wandrer hier
Nach Müh und Last
Als trauter Gast
Willkommne und vergnügte Rast."

Nein, das alles ist es nicht. Was mich am Sonntagmorgen so fesselt, ist der Blick von der Terrasse des Cafés hinab auf eine zweite Terrasse etwas weiter unten in der Stadt. Nicht zu einem wilhelminischen Winzerhaus gehört jene andere Terrasse, sondern zu einem schmucken Eigenheim. Nicht mit alten Kastanienbäumen ist sie bepflanzt, sondern mit neudeutschen Kübelpflanzen. Auf dieser scheinbar so banalen Eigenheimterrasse vollzieht sich am Wochenende, wenn das Wetter schön ist, ein Spektakel wie aus einem Traum.

Hingestreckt auf einen Liegestuhl liegt, mitten auf der Terrasse, ein Familienvater anfangs dreißig. Schlaff läßt er den Kopf nach hinten hangen, schlaffer noch hangen seine beiden Hände über die Armlehnen. So tief erschöpft liegt der kräftig gebaute Mann da, daß man ihn wohl für tot halten könnte, wenn nicht das eine Bein – und zwar immer dasselbe Bein – sich von Zeit zu Zeit leicht bewegte.

Völlig anders die Szene um den erschöpften Familienvater herum. Da ist ein kleiner Junge, der auf seinem Kinderrädchen zwischen den Pflanzenkübeln unbeschwert herumkurvt. Da ist sein kleines Schwesterchen, das sich, im Kinderstühlchen noch, fröhlich räkelt, von der Mutti liebevoll umsorgt. Nur gelegentlich steht die junge Frau auf, um ihrem hingestreckten Gatten zärtlich durchs Haar zu fahren.

Als ich dieses rheinische Familienbild von meinem Gartentisch im "Winzerhaus" herab zum ersten Mal sah, mußte ich an Jack London denken und an seine klassische Schilderung vom Überfall eines Wolfsrudels auf einen erschöpften Wanderer. Jack London beschreibt, wie der Wanderer zusammenbricht, und wie die Wölfe, die ihn zuvor mörderisch bedrohten, mit ihrem Geheul innehalten, um die reglose Beute aus der Nähe zärtlich zu beschnuppern.

Dies war, wie gesagt, mein erster Gedanke. Doch schon beim zweiten Blick hinab auf die sonntägliche Familienidylle verwarf ich ihn. Nicht nur unschicklich schien er mir, sondern auch unzutreffend. Was der amerikanische Dichter beschreibt, ist ja die überraschende Folge, das Nacheinander von Mordlust und Zärtlichkeit. Was dagegen der rheinischen Familienszene unter mir ihre innere Spannung und Kraft verlieh, war die Gleichzeitigkeit zweier völlig gegensätzlicher Eindrücke.

Einen Augenblick ließ ich den Blick über Linz am Rhein schweifen.

Mochte es nun an der sonntäglichen Stimmung liegen oder an der ungewöhnlichen Dichte religiöser Bauwerke in dieser kleinen Stadt, auf jeden Fall wanderten meine Gedanken von der Literatur zur Theologie, von Jack London zu Nikolaus von Cues. Von ihm stammt die Lehre, daß Gott dort gegenwärtig ist, wo die Gegensätze ineinanderfallen. Nicht im Lichte also, auch nicht im Dunkel ist Gott, sondern dort, wo Licht und Dunkel ineinanderfallen.

Das war es, was mich an der Familienszene auf der Terrasse unter mir so in den Bann schlug. In der artigen, unbeschwerten Munterkeit, mit der diese Familie ihren erschöpften Papi umspielte, lag eine vollkommene Gnadenlosigkeit, doch zugleich – im selben Augenblick – eine ebenso echte, ebenso vollkommene Liebe. "Coincidentia oppositorum" nennt das Nikolaus von Cues.

Lange noch saß ich unter dem alten Kastanienbaum vor dem Café "Winzerhaus", sah unverwandt hinab nach Linz am Rhein und spürte, wie in einer kleinen, glücklichen Familie Gott selber gegenwärtig ist.

## 11. Weisheit

# Die vier alten Juden in Colorado.

Ich weiß ein kleines Dorf in Colorado. Es heißt Hot Sulphur Springs und liegt auf halbem Weg von Denver nach Salt Lake City, jenseits der Wälder von Arapaho.

Jedes Jahr im September fahre ich dorthin zur Rheumakur. Und ich weiß gar nicht, was mich am meisten anzieht. Ist es das silberne Grün der Hügel Colorados, die, soweit das Auge schweift, von Wermut und Wacholder schimmern? Ist es die Rio-Grande-Eisenbahn, die hier, wie ein Knabentraum, durch die Rocky Mountains gedonnert kommt? Oder sind es, unten am Fluß, die beiden heißen Schwefelhöhlen, in die ich zweimal am Tag für sieben Dollar steige, auf der Suche nach ewiger Jugend wie einst die alten Weiber vom Indianerstamm der Ute?

Nein, das alles ist es nicht. Es sind die vier alten Juden. Die vier alten Juden will ich wiedersehen in den Wermuthügeln von Colorado. Und sonst nichts.

Es ist jetzt zu berichten, daß es für die letzte Handvoll alter Badegäste in Hot Sulphur Springs nur noch die Wahl gibt zwischen zwei Hotels. Oben an der Landstraße Nr. 40 steht das "K.C.Motel". Da logieren die vier alten Juden. Unten am Fluß liegt das "Riverside Hotel". Da logiere ich.

Das "K.C.Motel" ist eine windige Holzbaracke mit Neonbeleuchtung. Aber es hat Kochnischen, darauf kommt es den vier alten Juden an. Da bereiten sie, nach dem Rheumabad, ihr Essen selber koscher zu. Das Riverside Hotel dagegen ist alles andere als koscher. Es ist ein verkrachtes Bordell aus der Goldsucherzeit. Ein Gentleman aus Spanish Harlem, namens Abe Rodriguez, hat es vor ein paar Jahren gekauft. Zum Wochenende ist es jetzt eine lockere Absteige für romantische Paare aus Denver. Die Woche über aber bin ich meist mit Abe Rodriguez allein. Morgens schon, im viktorianischen Saloon des Bordells, serviert er mir zum Frühstück Kammermusik von Frescobaldi. Dazu sprechen wir kaum ein Wort. Wir warten, bis es acht Uhr schlägt. Punkt acht kommen die vier alten Juden.

Und es ist jeden Morgen das gleiche ungeheure Spektakel: Zu Fuß, in einer Reihe, in hohen schwarzen Filzhüten, mit weißen wallenden Bärten, in schwarzen Anzügen alt und abgewetzt, als hätten sie sie noch aus Rußland mitgebracht, so kommen die vier Greise die Dorfstraße in Colorado herab. Vor dem Riverside Hotel überschreiten sie die Brücke und verschwinden drüben in den Schwefelquellen. Sobald sie kommen, leert sich die Straße. Als verschlüge es dem Dorf die Sprache. Als wäre es 'High Noon'.

Es ist das Gegenteil. So schutzlos, so zerbrechlich geben sich die vier alten Juden in ihrer altväterischen Tracht dem Wilden Westen preis, als wären sie aus Rußland nach Colorado ausgezogen, um vor der Welt das Prinzip des Mathematikers Blaise Pascal zu verkörpern: Das Höhere erscheint in der Gestalt der Schwäche. Im Saloon des Riverside Bordells teilte ich diesen Gedanken meinem Freund Abe Rodriguez mit.

Der Gentleman schüttelte den Kopf. "Das ist europäische Metaphysik", sagte er. "Hast du nicht gesehen, wie die vier nach links und rechts verstohlene Blicke werfen, um sich zu vergewissern, daß sie auffallen? Hast du nicht gehört, wie sie viel lauter Jiddisch schwatzen, als es zur eigenen Verständigung nötig wäre? Die vier sind doch schon fast ihr ganzes Leben in New York. Wenn die nach Colorado kommen, um koscher zu baden, dann ist das keine europäische Tragödie, sondern eine amerikanische Schau."

In diesem Augenblick geschah etwas Ungewöhnliches. Während die drei andern weitergingen, blieb der vierte alte Jude auf der Brücke stehen. Er wandte sich einem kleinen Jungen zu, der dort fischte. "Boy, what a fish!" sagte er und deutete hinab ins Wasser. Dann zeigte er, mit der Spanne zwischen beiden Händen, die Größe des Fisches an. Mehr als ein Fischlein konnte es nicht sein. Staunend aber machte der kleine Junge die Geste des alten Juden nach: "Boy, what a fish!"

Dann kamen alle andern kleinen Jungs von Hot Sulphur Springs. Dann kamen die Neger. Dann kamen, aus dem Riverside Hotel, Abe Rodriguez und ich. Alle staunten, alle schwatzten wir über den Fisch. Wir wußten nicht, wie uns geschah. Nie zuvor ist auf der Brücke von Hot Sulphur Springs über so ein Fischlein auch nur ein Wort verloren worden.

"Weißt du, woran mich das erinnert?" sagte Abe Rodriguez, als wir wieder zurück waren in unserem Bordell. "Es erinnert mich an die Besuche des Papstes in Amerika. Zuerst kommt der Heilige Vater so spektakulär durchs Land gezogen wie die vier alten Juden durch Hot Sulphur Springs. Zum Schluß sind alle begeistert, weil er sich im Umgang mit den Leuten überraschend normal benommen hat, ganz herzlich ungezwungen. Als wäre er nur stehengeblieben auf einer Brücke in Colorado und hätte nur gesagt: 'Boy, what a fish!' "

Einen Augenblick schwieg der Gentleman aus Spanish Harlem. Dann schenkte er sich den ersten Whiskey des Tages ein. "Vielleicht", sagte er, "ist das das eigentliche Wesen der Religion: daß sich der Fromme zuerst aus der Normalität des Lebens so spektakulär entfernt, daß nachher jeder noch so kleine Schritt zurück von der staunenden Welt als Sensation gefeiert wird."

## 12. Weisheit

# Das Weib im Moor.

Auf der Suche nach der verlorenen Ursprünglichkeit geriet ich einmal im Westen Frankreichs in einen tiefen Sumpf. Er heißt auf den Karten "Marais Poitevin – Sumpf von Poitiers." Freilich ist der Marais Poitevin seit der Zeit Heinrichs IV. nicht mehr ein eigentliches Moor, sondern ein grünes Labyrinth von abertausend verwunschenen Kanälen. So jedenfalls habe ich diese Landschaft damals noch erlebt.

Es waren die späten fünfziger Jahre. Noch war Frankreich ein Land ohne Wanderwege, ohne Wein-Seminare und ohne restaurierte Fachwerkhäuser voll von deutschen Studienräten. In Coulon, einem steinigen Dorf an der Sèvre, war ich der einzige Fremde.

An einem kühlen Abend – der Sommer war schon fast vorbei – nahm mich mein Gastgeber hinab zur Böschung des Flusses, zeigte mir seinen Kahn und sagte: "Es ist Zeit, daß du zu den Reihern fährst." Dann holte er noch aus seinem Schreibtisch jene Meßtischkarten des Institut Géographique National, die soviel kunstvoller gemacht sind als die unseren, daß einen schon beim bloßen Hinsehen auf die Karte die Sehnsucht nach der Landschaft übermannt. Weit im Westen von Coulon, schon fast dem Meere zu, im tiefsten Sumpf, zeigte er mir eine Halbinsel an der Sèvre, die mit Ile de Charouin bezeichnet war. "Da", sagte er, "nisten die Reiher. Soll ich dir ein Bild davon zeigen?"

Ich schüttelte den Kopf. Ich stamme ja noch aus einer Zeit, in der die Kinder nicht mit Bildern aufwuchsen, sondern mit Gedichten. Ohne je einen Reiher gesehen zu haben, weiß ich, wie Reiher sind:

"Regungslos, mit der Hälse
heraldischem Beugen,
stehen die Reiher, unzählbar, konturenscharf
über den hurtigen grünlichen Wellen
im silbernen Licht.
Sieh, das Leben, das edel geartet, bedarf,
sich zu bezeugen,
der Bewegungen nicht."

Im ersten Morgengrauen ruderte ich los. Durch Kanäle, die, überdacht mit Weiden und mit Espen, meist nicht breiter waren als zwei ausgestreckte Arme. Vorsichtig einen Weg mir bahnend durch die "lentilles", die hellgrünen Linsenalgen, vorsichtig vorbei an den ausgelegten Aal-Reusen. Manchmal schoß wie ein blauer Blitz ein Eisvogel durch das grüne Dickicht. Und einmal sah ich weit draußen, mitten auf dem Feld, ein düsteres Viereck von Zypressen.

Ein Hugenottengrab. Durch die Jahrhunderte war der Sumpf von Poitiers die letzte Zuflucht für Banditen und für Ketzer, für Frankreichs vaterlandslose Gesellen.

Es war im hellen Morgenlicht des dritten Tages, vielleicht um acht Uhr früh, als ich im tiefsten Inneren des Moores die Ile de Charouin erreichte. Zu meiner Überraschung lag an der Spitze der Halbinsel ein kleines Bauernhaus, das auf den sonst so exakten französischen Karten nicht verzeichnet war. In dem schmalen Gemüsegarten davor arbeitete, die Frische der morgendlichen Stunde nutzend, eine alte Frau. Als sie sich aufrichtete, um mir ins Gesicht zu sehen und meinen Gruß zu erwidern, wußte ich auf einen Schlag, daß meine lebenslange Suche nach der verlorenen Ursprünglichkeit am Ziel war.

In ihrer blau geblümten Schürze, dem weiten schwarzen Rock, den grauen Wollstrümpfen, mit ihren ganz kleinen, lebhaften schwarzen Augen in einem breit verwinkelten Gesicht sah die alte Französin aus wie eine Urgestalt aus Balzacs frühesten Romanen. Nie im Leben hatte diese Frau einen Gedanken auf Ursprünglichkeit verschwendet, nie einen Schritt getan, um nach Ursprünglichkeit zu suchen. Sie war die Ursprünglichkeit in Person.

Ich fragte nach den Reihern und sie überlegte einen Augenblick. "Mit dem Boot", sagte sie, "ist der Weg zu schwierig zu erklären. Du legst am besten an. Hinter unserem Haus beginnt ein Fußpfad. Bis zu den Reihern sind es höchstens fünf Minuten."

Dann, schon wieder sich der Arbeit zuwendend, fügte sie leise hinzu: "Sie müssen sehr schön sein, unsere Reiher. Ich habe sie im Fernsehen gesehen."

"Je les ai vus à la télévision."

13. Weisheit

# Von der vollkommenen Schönheit der Frau.

Es war vor ein paar Tagen in einer französischen Skihütte. Rund um den Kachelofen herrschte ein arges Gedränge. Die Leute wechselten ihre Kleider und hängten die verschwitzte Wäsche zum Trocknen auf. Mit einem Mal stand eine großgewachsene Schöne vor mir im Büstenhalter und im Slip.

"Dieses Mädchen", dachte ich auf der Stelle, "wäre vollkommen schön, wenn es nur zehn Zentimeter kleiner wäre."

Vielleicht hat es nur an der Überraschung gelegen, daß ich mir diesen Gedanken überhaupt eingestand. Sonst hätte ich ihn wohl unterdrückt, als Ausdruck meiner Unfähigkeit, die Frau in ihrer Ebenbürtigkeit zu anerkennen. Nun aber war der Gedanke da.

So wie er dagewesen ist bei meiner ersten Liebe. Das war in einem Olivenhain in Umbrien. Im Überschwang jugendlicher Leidenschaft hatte ich, damals schon, einen einzigen klaren Gedanken: Wenn das Mädchen nur zehn Zentimeter kleiner wäre!

Und wie nun, in der französischen Skihütte, die junge Frau vor mir sich auch des Büstenhalters kühn entledigte, so wurden auch meine Gedanken kühner. Mit einem Mal nahm ich mir heraus, mein spontanes Urteil über den weiblichen Körper nicht als Vorurteil von mir zu weisen, sondern es vor mir einsichtig zu begründen.

Sei es nämlich Anlage, sei es Erziehung, auf jeden Fall wirkt der Leib der jungen Frau meistens weniger sehnig als der Leib des Mannes, weniger durchformt. Diese wächserne, ja elfenbeinerne Schönheit der Frau – das ist eine Tatsache – ist der Schönheit des Kindes näher verwandt als der Schönheit des Mannes. Daher der spontane Eindruck des männlichen Auges auf der Suche nach Proportionen: Wenn sie nur etwas kleiner wäre!

Ich senkte meinen Blick. Er fiel auf eine liegengebliebene Zeitung auf dem Tisch der Skihütte. Es war "La Suisse" mit einem Bericht über die Genfer Polizei. Ich traute meinen Augen nicht: Um Polizist in Genf zu werden, hieß es im ersten Satz, müsse ein junger Mann mindestens 1.68 groß sein, eine junge Frau aber nur 1.58.

Zehn Zentimeter Unterschied! Wenn das die schweizerische Polizei auch sagt, dann stimmt's. Polizei und Militär sind ja die einzigen Institutionen, die sich überhaupt nicht an praktischen Erfordernissen ausrichten, sondern nur an ästhetischen.

Draußen vor der Hütte schnallte ich meine Skier wieder an. Schon wollte ich zu Tale fahren. Da, mit einem Mal, hielt ich nachdenklich inne. Ich dachte an die Würde der Frau. Zweifellos ist die Frau in der Würde ebenbürtig, ja sie ist größer als der Mann. Doch ist Würde etwas anderes als Schönheit. Für die Ästhetik gelte, von mir entdeckt, hinfort das eherne Gesetz:

Zehn Zentimeter kleiner wäre schön.

## 14. Weisheit

# Mein Wechseltag.

Oft habe ich aus engagiertem Frauenmunde den Vorwurf hören müssen, ein Mann wisse nicht, was eine Frau im Leben leidet. Selbst ein Mann meines Alters könne das nicht ahnen. Gnädig habe die Natur ihm ja erspart, am eigenen Leibe zu erfahren, was Wechseljahre sind.

Diese Behauptung ist falsch. Doch entspricht sie, wie so mancher weibliche Irrtum, nicht heimtückischer Bosheit, sondern unschuldiger Unwissenheit. Wir Männer sind es, die aus falscher Scham den Frauen allzu lang verschwiegen haben, daß die Natur dem männlichen Geschlecht eine ungleich grausamere Prüfung auferlegt. Schmerzlicher als alle Wechseljahre zusammen ist ein einziger Wechseltag. Im Leben jedes Mannes ist der Wechseltag gekommen, wenn er das erste Mal zum Urologen muß.

Als ich das erste Mal zum Urologen mußte, zog ich den feinsten Anzug an. Thomas Mann hätte das an meiner Stelle auch getan. Nichts steht dem innerlich leidenden Manne so gut wie äußere Eleganz.

Die Praxistür sprang auf; es war ein Blick wie in ein Märchen. Ich stand vor einem weißen Podium. Ein hohes, rundes Podium, fast so wie in einer Bar, nur keine Hocker davor. Hinter dem Podium aber, ganz in weiß, die drei Gehilfinnen des Urologen. Drei blühend schöne junge Frauen. Am blühendsten, am schönsten die jüngste, die mit den rotgeschminkten Apfelbäcklein.

Und alle drei lachten. Sie lachten mich an, wie junge Frauen immer lachen, wenn sie zu dritt sind und ein Mann allein. Ganz herzlich lachten sie und zugleich ganz gnadenlos. "Ich habe angerufen", sagte ich, "es ist die Blase. Und es ist dringend. Ich hoffe, Ihr Wartezimmer ist nicht voll."

Da schüttelten alle drei lustig den Kopf: "Sie brauchen nicht zu warten", sagte die erste. "Sie können gleich rein zu Herrn Doktor", sagte die zweite. "Sie sind nämlich der einzige", sagte die dritte.

Überrascht blickte ich auf. Mit Sorgfalt und Bedacht hatte ich den besten Urologen von Köln gewählt. Wie konnte sein Wartezimmer leer sein? "Ja wissen Sie denn nicht, was heute für ein Tag ist?" sagte die erste. "Heute ist doch der 13.", sagte die zweite. "Und es gibt nur ganz wenige Männer", sagte die dritte, "die sich an einem 13. zum Urologen getrauen."

Der Arzt war teilnahmsvoll, doch sichtlich um Sachlichkeit bemüht. Nach der Untersuchung nahm er ein Stück Papier und einen Bleistift. "Das hier", sagte er, "ist Ihre Blase. Und das hier, am Ausgang der Blase, ist das, was bei Ihnen nicht mehr stimmt. Es handelt sich um ein kastaniengroßes Gebilde. Sein Name ist Prostata." Er zögerte einen Augenblick. "Wir müssen eine Blasenspiegelung machen", sagte er dann. "Wenn Sie die Courage haben, machen wir sie gleich."

Was, ich und keine Courage? So jugendlich als möglich hüpfte ich auf den Schragen. Und zitterte mit keiner Wimper, als die Spritze zur örtlichen Betäubung niederfuhr.

Anzunehmen wäre, daß eine örtliche Betäubung dort wirkt, wo sie verabreicht wurde. Bei mir fuhr sie woanders hin. Ich spürte sie alsbald im Kopf. Selig schweifte mein Blick seitwärts zur Assistentin. Es war die junge, die mit den Apfelwangen. Lächelnd sah sie unverwandt genau da hin, wo der Arzt die Sonde einführte. Ich überlegte: War es das neugierige Lächeln des erwachenden Mädchens? War es das mütterliche Lächeln der mitfühlenden Frau? Es war auf jeden Fall ein Lächeln von solcher Unergründlichkeit, daß mir mit einem Male war, als schaue Mona Lisa bei meiner Blasenspiegelung zu.

Ich schloß die Lider. Was der Arzt an mir tat, fühlte sich in der Narkose wunderlich an. Etwa so, als ob an besagtem Glied jemand meißelte. Mir war, als ob zu dieser Stunde Michelangelo die letzte Hand legte an seinen David. Und Mona Lisa sah lächelnd zu.

Als ich die Augen wieder auftat, war der Eingriff noch nicht zu Ende. Aber der Einfluß der Narkose auf meinen Kopf hatte nachgelassen. Wieder schweifte mein Blick zu der schönen Assistentin. Sie sah genauso unverwandt hin wie zuvor. Sie lächelte genauso unergründlich. Und ich erschrak.

Wußte ich es nicht seit vielen Jahren? Wenn Frauen unergründlich lächeln, dann denken sie nicht an dies und das. Frauen lächeln wie Mona Lisa, um zu verbergen, daß sie an gar nichts denken. Hätte der Arzt die Sonde in meine Nase eingeführt oder in mein Ohr, das schöne Mädchen mit den Apfelbäcklein hätte genauso unergründlich durch mich hindurch sich selber angelächelt. Und nicht im Traum dachte sie an David.

Da erkannte ich, daß mein Wechseltag gekommen, und daß ich alt geworden war.

15. Weisheit

# Wie ich an einem Wasserfall in Island einer französischen Nonne begegnet bin.

In der göttlichen Komödie des Lebens will es manchmal scheinen, als ob ein jeder seine Rolle mit soviel blindem Ernst und Eifer spiele, daß schließlich allen das Bewußtsein zu spielen ganz verloren geht, und somit, natürlich, auch der Spaß am Spiel. Dies jedenfalls scheint der Grund zu sein für jene Stimmung trostloser Verbiesterung, die den kleinen Alltag fast so unerträglich macht wie die große Politik.

So will es scheinen, doch so ist es nicht. Ich behaupte, daß jeder von uns seine eigene Lebensrolle, so ernst er sie zu spielen vorgibt, im Grunde seines Herzens doch als Maskenspiel perfekt durchschaut. Dies ist mir überraschend klargeworden, als ich jüngst an einem Wasserfall in Island einer französischen Nonne begegnete.

Wer kennt ihn nicht, den gewaltigen Dettifoss – an Höhe wie an Macht der Wogen Europas größter Wasserfall? Hoch in Islands wüstem Norden stürzt er ins Tal des Jokulsa a Fjöllum. Die wenigen, die ihn besuchen, tun es meist auf jener steinigen Piste, die von Süden durch die Lavafelder des Holsandur zu einem kleinen Parkplatz führt, von dem das Wunder arktischer Natur sich aus nächster Nähe bequem bestaunen läßt.

Ich wählte einen andern Weg. Eingedenk der alten Erfahrungsregel, daß Täler ihre ganze Schönheit dem nur zeigen, der sie von unten nach oben erwandert, nahm ich den schmalen Fußpfad, der weit unten beim Gehöft Hafursstadir beginnt und durch die wilde Schlucht des Jokulsa a Fjöllum, langsam von unten nach oben steigend, hinführt zum Fuß des Dettifoss.

Doch die Erwartung trog. An jener Windung des Tales nämlich, wo ich, nach der Meßtischkarte, den Wasserfall zum ersten Mal zu Gesicht bekommen mußte, bei dem verlassenen Gehöft Toydurafellir also, sah ich mich jäh umschlossen von undurchdringlich dichten Nebelschwaden. Ein paar Schritte noch, und aus dem Nebel wurde Regen, dann aus dem Regen ein peitschender Wolkenbruch. Mir wurde plötzlich klar, daß dies kein rätselhafter Umschlag des Wetters war, wie ihn der erfahrene Islandwanderer nicht selten erlebt. Vielmehr war es der Dettifoss selber, der das Tal zu seinen Füßen mit dichtem Wasserdampf weithin dem Blick verhüllte.

Die Nässe schreckte mich nicht. Rasch entnahm ich meinem Rucksack die braune Plastikpelerine, die ich mir aus atmungsaktivem und reißfestem Kunststoff selber knöchellang zugeschnitten und geschweißt habe. So stieg ich, die Kapuze überm Kopf, unverdrossen weiter die Schlucht des Jokulsa a Fjöllum empor, nichts sehend zwar, doch jenen äußersten Frieden des Gemüts genießend, den schon Vincent Van Gogh empfand, wenn er im strömenden Regen wohlbedeckt spazieren ging. Bis schließlich, unmittelbar am Fuß des tosenden Kataraktts, mein Pfad sich seitwärts in die steilen Felsen schlug.

Ermiß, verehrter Leser, meine Überraschung. Als ich nämlich durchs triefende Gestein mühsam nach oben geklettert war, teilten sich die Wasserschwaden jäh. Im gleißenden Licht der arktischen Sonne erschien vor meinem fassungslosen Auge eine Nonne.

Besser gesagt: ich stand vor einem Omnibus. Mein Wanderweg hatte mich nämlich genau zu jenem Parkplatz hochgeführt, zu dem die meisten im Auto fahren, um den Dettifoss aus nächster Nähe ohne Mühe zu bestaunen. Auf diesem Parkplatz stand der Omnibus ganz einsam und allein. Offensichtlich hatte die Reisegesellschaft das Naturspektakel auch schon genossen und wieder Platz genommen. In der pneumatisch geöffneten Tür des Busses aber stand, den Fuß schon auf der Treppe, die Hand bereits am Griff, als letzte aus der Gruppe eine Nonne.

Nach der braunen Farbe ihrer Kutte, auch nach dem Strick um ihre Hüfte zu schließen, war sie eine Franziskanerin. Vor lauter Verblüffung starrte ich ihren Rücken so ungeniert an, daß sie meinen Blick telepathisch spürte, sich auf der Treppe unwillkürlich drehte und mir jäh ins Auge sah.

Was jetzt geschah, läßt sich am besten mit jenem Kinotrick vergleichen, bei dem ein Mensch sich auf der Leinwand ganz rasch bewegt, um schließlich in einer letzten, fatalen Pose reglos zu erstarren.

Sprachlose Entgeisterung war das erste, was der Nonne ins Gesicht geschrieben stand. In meiner selbstgeschweißten Plastikpelerine sehe ich ja zum Verwechseln aus wie der heilige Franz auf Giottos Fresken in Assisi. Und so wenig ich damit gerechnet hatte, daß mir an einem Wasserfall in Island eine Nonne erscheinen würde, so wenig läßt es sich offenbar auch eine Nonne träumen, daß aus den Nebeln Islands ein heiliger Franz vor ihr erscheint. Sprachlose Entgeisterung also war das erste.

Doch dann bewegten sich die Augen der Nonne, und ihr Mienenspiel wechselte zu so etwas wie belustigte Verwunderung. Flink musterte sie mich von der Kapuze bis zum Pelerinensaum.

Kein Zweifel: Wir sahen einander ungemein ähnlich. Beide trugen wir genau das gleiche sandige Braun. Zwei kleine Unterschiede allerdings waren auf den ersten Blick erkennbar. Mein Kostüm war knöchellang, das ihre im Sinne des 2. Vatikanischen Konzils bis unters Knie zeitgemäß verkürzt. Und während meine Kapuze den Kopf vorn ganz umschloß und hinten spitz überragte, war die ihre zu einem modernen Zipfelchen zeitgemäß geschrumpft.

Kaum hatten die Augen der Nonne mich inspiziert, so schürzte sich ihr Mund: "Bonjour, Monsieur!" sagte sie mit leiser Ironie. Doch fast im selben Augenblick, so nämlich, als werde ihr erst jetzt die volle Bedeutung des kleinen Unterschiedes zwischen uns bewußt, verzog sich ihre Miene und erstarrte in einer Grimasse des triumphalen Spotts. Dann, als wolle sie sich ihren Triumph durch nichts und niemand rauben lassen, am wenigsten durch eine nähere Begegnung mit mir, verschwand sie hastig im Inneren des startbereiten Omnibusses.

Wie lange ich noch, fassungslos den Wasserfall bestaunend, an jenem Parkplatz hoch im Norden Islands saß? Ich weiß es nicht. Ich weiß nur, daß mir für das unerhörte Erlebnis eine einzige Erklärung möglich schien. Diese Nonne hat ihr Kostüm gewiß ein Leben lang mit frommem Ernst getragen und ihre religiöse Rolle mit ebensoviel strengem Ernst gespielt. Zu gleicher Zeit jedoch hat sie das Wissen um ihre eigene Komik uneingestanden tief in sich getragen. Wie anders ist es möglich, daß die unerwartete Erscheinung eines zweiten Komödianten, der sie an Komik nur um ein geringes übertraf, genügte, damit ihr ganzes Gesicht erstarrte in spontanem Hohn?

Selbsterkenntnis einer Nonne an einem Wasserfall in Island. Ein besonderes Verdienst kommt ihr nicht zu. Die göttliche Regie hat es gefügt, daß im Theater dieser Welt von allen Rollen die religiösen in ihrer Komik am leichtesten durchschaubar sind.

16. Weisheit

# König David im Café

Ratlos, hilflos stehe ich jeden Sonntag vor der gleichen Frage: Soll ich heute morgen zur Kirche gehen oder soll ich lieber ins Café?

Meine Kirche ist jenes letzte Kölner Gotteshaus, wo noch die alte Messe nach dem heiligen Ritus von Trient unverfälscht gefeiert wird. Mein Café ist jene erste Szenen-Kneipe der Kölner Südstadt, wo keinerlei Bummbumm-Musik mehr erklingt. Eine Kirche ohne Mac-Donald's-Liturgie, ein Café ohne Bummbumm-Musik. Fragst du mich, was schöner sei, fällt mir die Antwort schwer.

Ein bißchen verraucht, ein bißchen verschummert, mit Kerzen und mit Blumen auf der Theke wie auf dem Altar – die Stimmung ist in meinem Café die gleiche wie in meiner Kirche. Im Mittelalter gab es dafür einen theologischen Begriff, das "aevum". Wo die Zeit aufgehört hat und die Ewigkeit noch nicht begonnen, da ist das "aevum". Im aevum, sagt der heilige Thomas, schweben die Engel. Sie schweben in meinem Café genauso wie in meiner Kirche.

Das Publikum macht die Entscheidung mir nicht leichter. Junge Leute sind es im Café, alte in der Kirche. Doch sie sind sich näher, als ihnen selbst dünkt. Wie den alten Leuten in meiner Kirche, so ist den jungen in meinem Café anzusehen, daß sie in diesem Leben nichts mehr beitragen werden zur Steigerung des Bruttosozialprodukts. Ich auch nicht mehr. Wo also soll ich hin am Sonntagmorgen, in die Kirche oder ins Café?

Auch das Personal sieht sich an beiden Orten zum Verwechseln ähnlich. In der Kirche ist es ein alter Priester, im Café ist es eine junge Frau. Junge Frauen haben auf mich genau die gleiche Wirkung wie alte Priester. Beiden öffnet meine Seele sich wie eine Blume. Unwiderstehlich drängt es mich, mein ganzes Leben zu erzählen, dem alten

Priester ebenso wie der jungen Frau. Mein nutzloses, mein verpfuschtes Leben. Mit allen meinen Todsünden. Und beide, der alte Priester und die junge Frau, schenken mir nach meiner Lebensbeichte zum Schluß gewiß den gleichen Blick: Tout comprendre c'est tout pardonner – Alles verstehen heißt alles verzeihen. Wo also soll ich alter Sünder heute morgen beichten gehen? Soll ich in die Kirche oder soll ich ins Café?

Es steht geschrieben in der Königsteiner Erklärung der Deutschen Bischofskonferenz, daß ein Christ sich gegen die Kirche entscheiden darf, jedoch erst nach strenger Prüfung seiner Seele und aus keinen andern Gründen als aus denen des Gewissens. Sollte ich mich also heute morgen schließlich doch eher fürs Café entscheiden als für die Kirche, so geschähe dies ausschließlich aus religiösen Gründen. Wahrlich wahrlich, ich sage euch, zwischen Kirche und Café ist letztlich doch ein Unterschied.

Es ist der gleiche Unterschied wie im Theater. Tragödie oder Komödie? Die meisten halten es mit der Tragödie. Doch es gibt auch Menschen, die wie ich die Komödie höher schätzen.

Gespielt wird in der Kirche die göttliche Tragödie. Am Altar hängt der Gekreuzigte. Im Café ist es der andere Gott. Pans und Pindars Gott steht an der Theke. Der Gott der Komödianten. Kein christlicher Gott ist das. Doch bin ich mir auch nicht sicher, ob es der Gott der Heiden sei.

Ich sitze am Sonntagmorgen im Café. Vor mir ein kleines Glas weißen Wein. Und mit einem Mal überkommt mich das gleiche göttliche Erleben wie König David, als er zur Leier griff und sang: "Vacate et videte quoniam ego sum Deus – Tuet gar nichts und ihr werdet Gott schauen."

46. Psalm, 11. Vers.

17. Weisheit

# Die Schleife der Erkenntnis.

Manchmal werde ich gefragt, was mir an religiöser Gewißheit bleibt nach einem langen, ganz der Theologie gewidmeten Leben. Es bleibt mir eines. Mir bleibt beim täglichen Gang ins Café die Schleife auf dem Hintern der Serviererin.

Nicht daß es zu den großen Erlebnissen meiner Kindheit zählte, als ich das erste Mal mitdurfte in die Konditorei. Als mir das Fräulein den ersten Mohrenkopf brachte, als ich zum ersten Mal auf ihrem Hintern die weiße Schleife sah, war dies von allen Symbolen jener frühen Jahre das geringste. Doch es ist das einzige, das blieb.

Noch war ich nicht aus der Volksschule, da wurde schon die Bettflasche abgeschafft, der Nachttopf, das Korsett. Der Zeppelin wurde abgeschafft, die Dampflokomotive und dann sogar das Trottinett. Alle Symbole meiner biedermeierischen Kinderstube wurden abgeschafft. Doch meine kleine Welt blieb heil. Es blieb ja eines. Mir blieb am Sonntag im Café die Schleife auf dem Hintern der Serviererin.

Dann wurde das Deutsche Reich abgeschafft. Die Polizei kam mitten in der Nacht und nahm dem "Bund treuer Eidgenossen nationalsozialistischer Weltanschauung" die Blutfahne weg. Stalin starb auch. Aus dem Kino verschwand "Fox Tönende Wochenschau". Alle politischen Symbole meiner Jugend waren abgeschafft. Es kränkte mich nicht. Mir blieb ja eines. Es blieb die Schleife auf dem Hintern der Serviererin.

In der schweizerischen Armee wurde der Gewehrgriff abgeschafft, das große Parade-Ritual. Ich hatte es zehntausendmal geübt. Die Flak-Kompanie 11 wurde aufgelöst. Die Habacht-Stellung wurde abgeschafft. Vorzeitig wurde ich dem Landsturm zugeteilt.

Niemand sollte je erfahren, wie mich das schmerzte; man sah mich jetzt nur etwas häufiger ins Café gehen. Unabschaffbar blieb die Schleife auf dem Hintern der Serviererin.

Dann brach der Himmel über mir zusammen. In der Katholischen Kirche wurde der Tridentinische Ritus abgeschafft. Von einem Tag auf den andern wurden die Altäre alle umgedreht. Das Latein wurde abgeschafft. Die Humanistische Bildung wurde abgeschafft. Der Weihrauch wurde abgeschafft. Thomas von Aquin wurde abgeschafft. Der Gregorianische Choral wurde abgeschafft. Die päpstliche Tiara wurde abgeschafft. Abgeschafft die heiligsten Rituale, die stärksten Symbole unserer Kultur.

Eines blieb. Eines überstand allen Modernismus und alle Liturgiereform. Unabschaffbar, unvergänglich bleibt die Schleife auf dem Hintern der Serviererin.

Ist diese Schleife vielleicht gar kein so schwaches, so bedeutungsloses Symbol wie ich seit frühen Kindertagen glaubte? Eignet dieser Schleife, wenn schon kein heller Sinn, so doch vielleicht eine dunkle Magie? Ist sie vielleicht ein animalisches Lockzeichen, an erotischer Ursprünglichkeit vergleichbar der Blume der Häsin, dem Bürzel der Ente, dem Cul de Paris?

Ist die Schleife der Serviererin vielleicht jenes letzte, unauflösbare Tabu, das durch die sexuelle Phantasie der Alten Griechen geisterte, und das sie, geheimnisvoll, den Gordischen Knoten nannten? Müssen wir, biblisch, gar sprechen von der Schleife der Erkenntnis?

Nein. Gerade nämlich, als ich dieser freudianischen Vermutung nachging, geschah das Unaussprechliche: Der Hintern der Serviererin wurde abgeschafft.

Zuerst wurde, draußen in der Welt, der Titel "Fräulein" abgeschafft. Drinnen im Café bleibt jetzt dem Gentleman, wenn er bezahlen will, nur eine stumme, genierte, verzweifelte Handbewegung. Doch das Bezahlen ist das schlimmste nicht. Viel schlimmer ist es beim Bestellen.

Zu meiner Zeit war dies die schönste und strengste Sitte des schweizerischen Gastgewerbes: Wenn er bestellte, durfte der Gast die Saaltochter um den Hintern fassen. Jede weitere Geste war tabu und ist auch niemals vorgekommen. Doch dieses eine durfte ich. Ich durfte, während ich meinen thé crème bestellte, Susi locker um den Hintern fassen. Nun, mit einem Mal, wollte Susi das nicht mehr haben. Es sei gewiß gut gemeint, klärte sie mich auf, doch entspreche es nicht mehr ihrer neuen Würde als moderne, emanzipierte Frau.

Wie ein Kartenhaus brach meine ganze psychoanalytische Hypothese zusammen. Denn war auch Susis Hintern abgeschafft, so blieb doch, alle Emanzipation überdauernd, ohne jeden sexuellen Sinn, unabschaffbar, unauflösbar die Schleife auf dem Hintern der Serviererin.

Der Bankrott der Psychoanalyse ist der Triumph der Theologie. Man braucht nicht Zen-Buddhist zu sein, um zu erkennen, daß alle sinnvollen Zeichen vergänglich sind und ewig nur das sinnlose Symbol. Die päpstliche Tiara zum Beispiel hatte einen Sinn. Sie drückte eine bestimmte Auffassung vom Amt des Papstes aus. Gerade deshalb war es aber auch sinnvoll, die Tiara abzuschaffen, als diese Auffassung vom Amt des Papstes schwand. Und ebenso der Titel

"Fräulein". Er hatte einen Sinn, solange es die Jungfräulichkeit noch gab. Gerade deshalb aber war es auch sinnvoll, die Anrede mit "Fräulein" abzuschaffen, als die Jungfräulichkeit verschwand. Ewig bleiben aber wird die Schleife auf dem Hintern der Serviererin. Denn sie ist gänzlich sinnlos.

Wir sind jetzt ganz nahe an den letzten, tiefsten Einsichten der Theologie. "Credibile, quia ineptum", hat Tertullian gesagt, der größte christliche Theologe des Altertums: "Credibile, quia ineptum – Glaubhaft ist allein der Unsinn." "Certum, quia impossibile – Fest steht allein das Unmögliche." "Credo, quia absurdum – Weil es absurd ist, glaube ich."

Die Umstände, unter denen Tertullian diese Theologie des Unsinns entwarf, sind in der Dogmengeschichte umstritten. Zu Unrecht. Ich weiß, was Tertullian tat, als er, vor achtzehnhundert Jahren, sein "Credo, quia absurdum" schrieb. Tertullian saß in einem Café in Karthago und starrte auf die Schleife.

Die Schleife auf dem Hintern der Serviererin.

18. Weisheit

# Weltstadt Cöln.

Oft habe ich aus kölnischem Munde es gehört und in den letzten zwei, drei Jahren immer öfter: In der Kunst zumindest gebe es auf der Welt zur Zeit nur noch zwei echte Zentren: Jenseits des Atlantiks heiße das Weltzentrum New York, diesseits heiße es Köln.

Es fügt sich, daß mich meine Geschäfte nicht nur nach Köln führen, sondern, alle Jahreszeiten einmal, auch nach New York. Und merkwürdig genug: diesen Vergleich zwischen den beiden Weltstädten diesseits und jenseits des Atlantik, den ich in Köln unablässig höre, drüben in New York habe ich ihn bislang kein einziges Mal gehört. Ja noch bedenklicher, so sehr ich auch die Ohren spitzte, im Guggenheim Museum, am Broadway, in der Fifth Avenue, nirgendwo, nicht einmal in der Bronx, habe ich jemals auch nur das Wort Cologne gehört, zu schweigen von dem Wörtlein Köln mit einem großen K. Woran das liegen mag?

Mit dieser rheinischen Sorge in meinem schweizerischen Herzen machte ich dieser Tage wieder, aus dem Plaza Hotel in New York, meinen gewohnten Abendspaziergang durch den Central Park. Aus der müßigen Laune des Augenblicks entschloß ich mich zu einem Abstecher hinüber zur Columbus Avenue. Freunde hatten mir erzählt, daß sich an dieser Straße zwar nicht der Jet-Set aus Paris, aus Rom und Tokio treffe, wohl aber die New Yorker selbst.

Es war Samstagabend an der Columbus Avenue. In hellen Scharen wälzte sich von Restaurant zu Restaurant New Yorks flotte, moderne, trendbewußte Jugend.

Neugierig wälzte ich mich mit. Bin ich doch ein alter Anhänger von Ludwig Feuerbach und seiner These: "Der Mensch ist, was er ißt." Und wie denn die Japaner glauben, es genüge, einem Fremden auf die Schuhe zu blicken, um ihn treffend einzuschätzen, so meine ich allen Ernstes, daß es genügt, dem Fremden beim Essen in den Mund zu schauen, um zu wissen, was er ist. Was sah ich, von Restaurant zu Restaurant durchs Fenster starrend, an der Columbus Avenue?

Im ersten Restaurant sah ich aus allen Mündern die Cannelloni quellen. Im zweiten Restaurant waren es Lasagne. Das dritte Restaurant strotzte vor Tortellini. Das vierte trof vor Fettuccine. Das fünfte war zum Brechen voll. Kein Wunder, es hatte als Today's Special einen gemischten Teller von Tortellini, Cannelloni, Fettuccine und Lasagne.

Auf der anderen Straßenseite waren es im ersten Restaurant die Lasagne, im zweiten die Fettuccine, im dritten die Cannelloni und im vierten Tortellini mit Tomatensalat. Weiter kann ich nicht berichten, denn vor dem fünften Restaurant wurde es mir schon schlecht, bevor ich durchs Fenster schauen konnte. In flottem, modernem Design verhieß der Werbespruch über der Tür: "Pizza is our passion". Europas abgestandenste, einfallsloseste, provinziellste Küche, das ist der neueste Weltstadt-Trend an der Columbus Avenue.

Und dann die Art, wie die an der Columbus Avenue zum Essen sitzen. Wie sie ihre Beine strecken und ihre Ellenbogen schieben. Auf der Stelle erinnerte es mich an etwas. Richtig, genauso sitzt am langen Samstagnachmittag das Einkaufs-Publikum in der Kölner Mittelstraße in den Cafés des Bazar de Cologne. Keiner sich mit dem unbekannten Nächsten so launig und offen unterhaltend, wie es in Köln sonst weltstädtische Gewohnheit ist. Jeder vielmehr mit diffuser Feindseligkeit, mit ausgestreckten Beinen, Ellenbogen, den winzigen, erbärmlichen Dunstkreis verteidigend, den er aus der heimischen Provinz mitgebracht hat ins städtische Café. Dies nämlich sei gesagt zur Ehrenrettung für die Kölner: Was sich am langen Samstag so ohne alle Lebensart im Bazar de Cologne drängt, das sind die Kölner selber nicht. Das kommt aus Euskirchen, aus Olpe. Es könnte aus New York kommen. Als wären sie zum langen Samstag aus Quadrath-Ichendorf angereist, so verdötscht sitzt die New Yorker Jugend unter sich in der Columbus Avenue.

Erschüttert floh ich aus der Columbus Avenue zurück in die nächtliche Einsamkeit des Central Park. Sah hinaus zum hellen Sternenhimmel über Amerika. Und mit einem Mal fiel es mir wie Schuppen von den Augen: Es muß an New York liegen, an seiner Durchschnittlichkeit, an seiner unaussprechlichen Provinzialität, daß man dort den Namen der wahren Weltstadt Cöln niemals hört.

19. Weisheit

# Das Schwein von Bethlehem.

Kennt ihr das Paramenten-Geschäft in der Komödienstraße zu Köln am Rhein? Im ganzen Land gibt es kein zweites Geschäft mit so erlesenem Weihrauch. Ist der Advent gekommen, so zieht es mich, Jahr für Jahr, mit der großen Weihrauchbüchse unterm Arm, hin zu diesem Kölner Laden. Und da kein anderer Kunde heute noch soviel Weihrauch kauft wie ich, schenkt mir die Verkäuferin jedesmal verstohlen einen frommen Schwatz.

Dieses Jahr freilich wirkte sie zum ersten Mal verstimmt. "Gerade", vertraute sie mir an, "war der Vertreter für Weihnachtskrippen da. Sie wissen, von dieser Firma in Südtirol." Ich nickte. Der Beitrag dieser Firma zur neuen, kreativen Liturgie ist allgemein bekannt, wenn auch von mir nicht so geschätzt wie von so vielen andern. Was mochten die Südtiroler Modernisten als neuesten Fortschritt in der Frömmigkeit angerichtet haben? "Sie werden es nicht glauben", seufzte die Verkäuferin, "die haben jetzt eine modernisierte Weihnachtskrippe im Angebot."

Hilflos versuchte ich, mir vorzustellen, was an der Krippe von Bethlehem überhaupt modernisierbar sei, als die Verkäuferin ihre Stimme senkte: "Stellen Sie sich vor, die haben sich nicht geschämt, zu den alten Figuren von Ochs und Schaf und Esel hinzu vor die Krippe Jesu Christi als modernen Gag ein Schwein zu stellen."

Einen Augenblick schwieg sie vor verhaltener Erregung. "Ich war selber mit einer Studienreise in Bethlehem", fuhr sie dann fort, "ich habe die Weiden Palästinas mit eigenen Augen gesehen und die Schafe drauf. Ziegen sieht man dort manchmal auch. Aber Schweine? Wenn die in Südtirol schon keinen Respekt mehr haben vor der katholischen Tradition und keine Kenntnis der biblischen Geschichte, dann sollten sie wenigstens Rücksicht nehmen auf den christlich-jüdischen Dialog. Jesus war ein Jude. Ein Schwein in einem jüdischen Stall, das ist ein Sakrileg!"

Ich bin ein Mensch, der anderen am liebsten Recht gibt. Diesmal freilich, die Weihrauchbüchse fester klemmend unterm Arm, entschloß ich mich zum Widerspruch. "Junge Frau", sagte ich so väterlich als möglich, "Sie wissen, daß die alten Dinge in der Kirche meinem Herzen näherliegen als die neuen. Doch dürfen wir die Sehnsucht des Herzens nicht verwechseln mit der Wirklichkeit der Welt. Sonst würde unsere Religion zu einem sich selbst abstaubenden Museum. Wichtiger als das getreue Festhalten alter Dinge ist deshalb letzten Endes doch die mutige Öffnung hin zur Gegenwart. So können auch die Tiersymbole vor der Krippe Jesu nicht immerdar historisch bleiben. Ochs und Schaf und Esel mögen historisch sein, doch verkörpern sie symbolisch eine fromme Harmlosigkeit, die auf den heutigen Menschen verstaubt und langweilig wirkt, bigott und unaufrichtig. So war es sicher höchste Zeit, die moderne Welt zur Krippe Jesu zuzulassen. In der neuen, aufregend ehrlichen Symbolgestalt des Schweins."

## 20. Weisheit

# Erleuchtung in Taizé.

Was mich bewogen hat, in der Gesellschaft eines flotten Münchner Modeschöpfers und seiner charmanten Freundin im Porsche durch Burgund zu rasen, brauche ich hier nicht zu erklären. Das Eingeständnis mag genügen, daß ich, kaum zugestiegen, das törichte Unterfangen bitter bereute. Nicht etwa, weil der Münchner quer durch die Hügel und die Dörfer Burgunds auf engen Straßen sinnlos Gas gab, sondern, im Gegenteil, weil er alle Augenblicke sinnlos hielt.

Jemand mußte ihm in München schon erzählt haben, daß Rinder der Rasse Charolais etwas besonders Edles seien. Er bremste jedenfalls nicht nur vor jeder Kirche, sondern auch vor jeder Kuh. Sprang aus dem Wagen, riß die Kamera hoch und schrie: "Das muß in meinen Kasten!"

Schon hing ich nur noch dem Gedanken nach, wie ich mich aus solcher Gesellschaft taktvoll wieder lösen könne, als der Porsche unvermittelt hielt. Diesmal war es keine Kuh, sondern ein Jüngling. Auf einem Mäuerchen über der Straße saß er so stilvoll in sich gekehrt, als hätte Walther von der Vogelweide ihn dort hingesetzt. Auf seinem Knie hielt er ein Buch.

Der Jüngling lächelte. Sanft und unergründlich lächelte er in sein Buch. So selig hatte dieser Jüngling zu sich selbst gefunden, daß er uns drei samt unserem Porsche lächelnd übersah.

Sprachlos rollten wir weiter. Auf dem nächsten Mäuerchen über der Straße saß schon der nächste Jüngling selig lächelnd über einem Buch.

Und dann auf allen Rainen, allen Mauern, links und rechts der Straße junge Menschen ohne Zahl, alle gleichermaßen still und selig lächelnd.

In diesem Augenblick durchfuhr mich der Blitz der Erkenntnis. "Wißt Ihr was?"

sagte ich aufgeregt zu dem Münchner Modeschöpfer und seiner Freundin, "das ist Taizé. Wir müssen nach Taizé geraten sein."

"Was ist Taizé?" fragten wie aus einem Mund der flotte Münchner Modeschöpfer und seine charmante Freundin. In möglichst schlichten Worten berichtete ich von meinem frommen Landsmann, dem protestantischen Pfarrer Roger Schutz. Von dem schönen Kloster, das der Protestant mitten in die grünen Hügel Burgunds gebaut hat. Um Katholiken und Protestanten zusammenzuführen. Um junge Menschen aus aller Welt einzuführen in die Meditation. Um vor abertausend selig lächelnden jungen Christen sich selbst so hohepriesterlich zu zelebrieren, wie das bei uns in der katholischen Kirche als letzter Papst Pius XII. tat. Dies alles erzählte ich und vieles mehr, und umso aufgeregter, als der Münchner Modeschöpfer mir kaum zuzuhören schien.

Plötzlich hielt er, mitten auf der Straße, den Porsche an. Zweimal, dreimal schlug er sich selber mit dem Kopf gegen das Lenkrad. Sah mir ins Gesicht und sagte laut: "Mein Leben lang habe ich mich gefragt, warum es

Menschen gibt, die Bücher lesen, und was das ist, ein Buch. Jetzt habe ich es verstanden. Ein Buch, das ist ein geistiger Porsche für einen, dem der materielle Porsche fehlt."

Diesen Augenblick nutzte ich, um mich aus dem materiellen Porsche rasch und höflich zu verabschieden. Doch war ich lange Zeit nicht mehr imstande, ein Buch in die Hand zu nehmen, ohne die Scham der Selbsterkenntnis zu empfinden.

## 21. Weisheit

# Gott ist wie eine alte Frau.

Mit der leisen Schwermut herbstlicher Tage kam mir ein Gedanke. Ich wollte das Kloster wiedersehen, in dem ich in meiner wilden Jugendzeit Mönch gewesen bin. Es liegt in Wallonien, etwas südlich von Lüttich, auf halbem Weg nach Namur, schön auf den Hügeln über der Maas.

Gleich hinter Lüttich fiel mir der dichte Verkehr auf. Ich konnte ihn mir nicht erklären. Wohl ist es ein Wallfahrtskloster, doch hatte es nie großen Zulauf. Es gibt in Belgien viel größere und schönere Abteien. Warum also die vielen Autos auf der schmalen, einst so menschenleeren Landstraße?

Etwa einen Kilometer vor dem Kloster geriet ich in einen hoffnungslosen Stau. Ich ließ den Wagen am Straßenrand stehen. Durch ein dichtes Gewühl von Autos und Menschen schob ich mich zu Fuß voran.

Kurz vor dem Kloster beginnt eine Allee von alten Kastanienbäumen. Sie überschatten die Straße so tief und breit, daß man das Tor erst sieht, wenn man unmittelbar davorsteht. Mich traf der Schlag. Über der alten Klosterpforte stand in grellen Farben der Spruch: "Willkommen im Tierpark".

Ich löste das Eintrittsbillet und geriet zuerst ins Refektorium. Hier war uns, zu den Mahlzeiten, in der alten gregorianischen Melodie die Regel des Heiligen Augustinus vorgesungen worden.

Jetzt heißt das Refektorium "Le Quick Lunch". Im Lautsprecher-Geplärr schoben billige junge Männer ihre Mädchen und ihre Tabletts der Selbstbedienungsschiene entlang zu den Hamburgern und zu den Cola-Dosen.

Aus dem "Quick-Lunch" geriet ich in den alten Kapitelsaal. Hier hatten wir am Gründonnerstag zur Fußwaschung den

Hymnus des Heiligen Ambrosius gesungen: "Ubi caritas et amor, ibi Deus est." Jetzt beherbergte der Saal die Schautafeln einer wissenschaftlich wirkenden Ausstellung zu dem Thema "Der Walfisch in Geschichte und Gegenwart".

Aus dem Kapitelsaal floh ich in den Park des Klosters und suchte jene lauschige Ecke, wo ich am späten Nachmittag den Rosenkranz zu beten pflegte. Von Menschen dicht umdrängt stand dort der Affenkäfig.

In diesem Augenblick überwältigte mich der Zorn, den Jesus empfunden hat, als er die Peitsche nahm und die Geschäftemacher aus dem Tempel trieb. Hätte ich ein Maschinengewehr gehabt, ich hätte den ganzen Tierpark totgeschossen.

Mangels Maschinengewehr suchte ich mein Heil in der religiösen Besinnung. Ich ging hinüber in die Kirche. Hier war alles unberührt. Offensichtlich war es nicht gelungen, das Gotteshaus in den Tierpark einzubeziehen. Zeitlos verstaubt wie einst hingen hinten über dem Mönchschor die türkischen Fahnen, die Don Juan d'Austria in der Seeschlacht von Lepanto erbeutet hat. Und als sich die Sakristeitür öffnete, knarrte es genau wie einst.

Herein kam ein junger Mann im kurzen Hemd. Aus der Art, wie er sich bewegte, glaubte ich schließen zu dürfen, daß es ein Kaplan war, der die Wallfahrtskirche wohl nebenbei betreute. "Sagen Sie", fragte ich ihn, "war das nicht früher ein Kloster?"

"Mais oui, mais oui", lachte der Kaplan kindisch, "ein Kloster ja, ja das ist es gewesen." Noch siebzig Mönche seien es gewesen unter Pius XII. "Dann waren es auf einmal nur noch sechzig. Und dann nur noch fünfzig. Und dann nur noch vierzig. Und dann nur noch dreißig. Und dann nur noch zwanzig. Und dann nur noch zehn. Und dann kam diese Tierpark AG aus Amsterdam. Von dem Geld haben sich die letzten fünf ein Landhaus in den Ardennen gekauft."

Ich ließ den albernen Neupriester stehen und setzte mich in die nächste Bank. Das Wort Heraklits kam mir in den Sinn, daß man kein zweites Mal in denselben Fluß steigen kann. Und doch schien mir die Weisheit des Griechen für das grausame Erlebnis zu dünn.

Als ich mich wieder aufrichtete, fiel mein Blick auf die paar alten Leute, die so verstreut, so unauffällig in der Kirche knieten, daß ich sie erst gar nicht bemerkt hatte. Vier alte Frauen waren es.

So war es schon zu meiner Zeit gewesen, genau so. Während hinter dem Altar siebzig Mönche den grandiosen Staatsakt der Katholischen Kirche sangen, die gregorianische Liturgie, knieten, achtlos in der Kirche verstreut, ein paar alte Frauen. An unserem enormen sakralen Betrieb nahmen sie damals sowenig Anteil wie jetzt an dem Lärm des Tierparks, der durch die gemalten Fenster drang.

So ist der ewige, allmächtige Gott. Er ist in der Kirche gegenwärtig wie eine alte Frau. Wenn sich ein Kloster in einen Tierpark verwandelt, grämt ihn das nicht. Es wird Gott auch gleichgültig sein, wenn aus dem Tierpark an der Maas – der neuen Welle jugendlicher Frömmigkeit entsprechend – nächstens wieder ein Kloster wird.

22. Weisheit

# Das Vermächtnis des Hilfsgeistlichen Alfred Birch.

"Es gibt auf der Welt ein paar Dinge, für die sich Gott persönlich interessiert; die Religion gehört nicht dazu."

Dieser Satz stammt von meinem Urgroßvater. Er hieß Alfred Birch und war Pfarrer der Kirche von England. Noch bewahre ich seine Bestallungsurkunde. Wie alle Dokumente der anglikanischen Kirche hebt sie an mit einer Formel von katholischer Eleganz: "James, by Divine Permission Bishop of Manchester, to our well beloved brother in Christ … ."

Aber nicht in Manchester selbst war Alfred Birch Pfarrer, sondern in Ashton-under-Line. Ich bin dort gewesen. In ganz England gibt es kein ärmeres, kein finstereres, kein trostloseres Loch als Ashton-under-Line. Selbst die Behauptung, mein Urgroßvater sei dort Pfarrer gewesen, ist geschönt. Nicht "vicar" war er, nicht Inhaber der Pfarrpfründe, sondern nur "curate". Als elender, hungriger Hilfsgeistlicher hat er sein ganzes Leben in Ashton-under-Line verbracht.

James, by Divine Permission Bischof von Manchester, hat dennoch an Alfred Birch gnädig gehandelt. Bei uns in der Kirche Roms, in der Kirche Martin Luthers wäre er nicht einmal Hilfsgeistlicher geworden. Denn er war geisteskrank.

Er litt an religiösen Wahnvorstellungen. Er hatte sie nicht dauernd, sondern nur in Schüben, die drei- oder viermal im Jahr wiederkehrten. Das Erstaunliche war, daß er das selber vorher spürte. Er schrieb dann einen kurzen Brief an den Vicar General nach Manchester, räumte seine Sakristei auf, packte seinen Koffer, nahm Abschied von Frau und Kindern und begab sich ganz von selber, für ein paar Tage in die Irrenanstalt nach Manchester. Sobald der Wahn vorüber war, kehrte er zurück und nahm seine Arbeit als Seelsorger so selbstverständlich wieder auf, als wäre nichts gewesen. "Gott", pflegte er zu sagen, "hat mir eine Gabe der Unterscheidung geschenkt, die unendlich kostbar ist. Denn ich bin ein Mensch, der glaubt. Ich bin auch ein Mensch, der gelegentlich ein bißchen spinnt. Und ich bin der seltene Fall eines Menschen, der zwischen Glauben und Spinnen genau zu unterscheiden weiß."

23. Weisheit

# Ode an die Geschirrspülmaschine.

Dich singe ich, Geschirrspülmaschine!
Denn eines allein hat in den festlich verflossenen Tagen,
In denen die Jungfrau gebar,
Für christliche Ruhe gesorgt und für fromme Besinnung:
Als vor dem weihnächtlich staunenden Blick der züchtigen Hausfrau,
Des gütigen Vaters und vor dem munteren Schärlein der wohlerzogenen Kinder,
Die neue Geschirrspülmaschine zum ersten Mal weihevoll spülte.
Nach dem umweltbewußten Bio-Programme.

## 23. Weisheit

Hört ihr's, wie hurtig im magischen Kreise
Sich die Spülarme drehn
Schnellfingrig im blanken Gehäuse
Aus "Edelstahl rostfrei"?
Melodie der Enzyme!
Ein Gurgeln ist das, ein Schmurgeln,
Ein Pfnantschen, ein Plantschen,
ein Saus und ein Braus
Den Ohren zum Schmaus, zur Labung dem Geiste.
Ach, was für Banausen sind jene,
Denen das Technische technisch nur scheint
Und banal der Triumph der Maschine.
Denn Literaturen werden in Trümmer sinken
und Ideologien spurlos verdampfen,
Doch diese Maschine wird allezeit bleiben,
Kündend noch fernsten Geschlechtern, was Goethe meint mit den Worten:
"Das Nützliche bleibt."
Nützlich ist sie dem Weibe,
doch nützlich dem Manne zugleich.
Friede nämlich den Ehen auf Erden,
die eine Geschirrspülmaschine besitzen!
Wehe aber dem geizigen Gatten,
Dem ein gehässiges Weib, geplagt vom Albtraum des Spülens,

Die festlich Tafel vergällt. Denn
Spülen ist gräßlich.
Alle Knechtschaft der Frau
Liegt in dem Urteil beschlossen:
"Lebenslängliches Spülen".
Dennoch nenne ich Torheit
Den Gedanken der feministischen Linken,
Die Arbeit am Spültisch zu teilen.
Geteilte Arbeit ist doppelte Arbeit.
Den Herrn auch versklaven
Heißt nicht die Sklavin befrein.
Einzig die Spülmaschine
Schlichtet den tödlichen Streit
der Geschlechter:
Wandelnd das Schicksal der Frau, rettet das
Glück sie dem Mann.
Du Sklavin der Lüste Lukulls doch zugleich,
Züchtige Kampfgefährtin Alice Schwarzers,
Dich singe ich, Geschirrspülmaschine!
Denn die Marxisten wollen die Arbeit nur
anders verteilen;
Es kömmt aber darauf an, sie abzuschaffen!

24. Weisheit

# Theologie der Wiederholung.

Nie noch schrieb einer eine Theologie der Wiederholung. Einzig Romano Guardini hat einmal, versteckt in seinem Büchlein über den Rosenkranz, die Frage zu stellen gewagt: Wie kommt es, daß auf keinem Lebensgebiet soviel wiederholt wird wie in der Religion? Wie ist es möglich, daß die Frömmigkeit des Ostens ihre höchste Erfüllung findet im Klappern der Gebetsmühle: "Om mani padme hum, om mani padme hum ...?" Und warum hat kein Gebet dem Westen soviel Andacht geschenkt wie das unablässig wiederholte "Du bist gebenedeit unter den Weibern?"

Romano Guardinis Antwort fällt überraschend medizinisch aus. Der Rosenkranz, schreibt er, versetzt den Beter deshalb in einen Zustand gelöster Harmonie, weil Wiederholung mehr ist als nur das Stilgesetz der Frömmigkeit. Wiederholung ist vielmehr – ganz biologisch – das innerste Gesetz gesunden Lebens. Atmen wir nicht im unablässigen Gleichmaß der Wiederholung? Schlägt nicht unser Herz in unablässiger Wiederholung gleich? Nicht dann ist ein Mensch alt und verbraucht, wenn er nicht mehr fähig ist zum Neuen. Im Gegenteil: Erst wenn er die Fähigkeit verliert zur mühelosen, selbstverständlichen Wiederholung, erst dann stockt sein Kreislauf, erst dann braucht er einen Herzschrittmacher. Lustvolle Wiederholung ist das innerste Geheimnis des Lebens. Wiederholung macht jung.

Ich glaube, es war Otto von Habsburg, der aus diesem ehernen Gesetz der Biologie als erster die politische Konsequenz zu ziehen wagte. Wiederholt hat er im "Luxemburger Wort" darauf hingewiesen, daß es ein modernistischer Irrtum ist, zu glauben, Geschichte verlaufe linear, also in einmaliger

Entwicklung geradeaus. In Wirklichkeit, so Otto, verläuft Geschichte zyklisch, im Kreis herum. So daß es also, scheint mir, genügt, hinter allen andern möglichst weit hinterherzuhinken, um auch schon allen andern möglichst weit voraus zu sein. So ist es gar kein Zufall, daß alle revolutionären Bewegungen der Welt den Völkern unablässig die gleichen Parolen eintrichtern. Weil nämlich Geschichte in alle Ewigkeit zyklisch revolviert, ist Wiederholung wesenhaft revolutionär.

Ich brauche jetzt gar nicht alles zu wiederholen, was Wilhelm Reich gesagt hat über den intimen Zusammenhang zwischen Revolution und Erotik. Genügen mag eine ganz bescheidene Beobachtung: Auf allen Straßen sieht man zur Zeit den Minirock wieder. Zum dritten Mal in meinem Leben ist der Minirock Mode. Und ich freue mich darüber. Um es ganz altväterisch zu sagen: Wiederholung ist sexy.

Unrecht nämlich haben jene, die behaupten, Pornofilme seien deshalb so langweilig, weil sie immerzu das Gleiche zeigen. Das Gegenteil ist wahr. Langweilig sind Pornofilme, weil sie krampfhaft und künstlich versuchen, eine Sache zu variieren, die lustvoll und schön nur ist in der allereinfachsten Wiederholung. Gemäß dem klassischen Wort von Marilyn Monroe: "Do it again!"

Ich komme jetzt zu Goethe. Nicht umsonst beginnt das großartigste Werk deutscher Sprache mit einer ausdrücklichen, feierlichen Wiederholung: "Ihr naht euch *wieder*, schwankende Gestalten!" Versuchen wir uns einen Augenblick vorzustellen, was aus dem "Faust" geworden wäre, hätte Goethe eine neudeutsche Oberschule besucht, hätte er dort gelernt, daß Wiederholung eine Todsünde sei, ja hätte man ihm, eine Kindheit lang, eingetrichtert: "Johann Wolfgang, du mußt das differenzierter ausdrücken." So ein neudeutsch verbildeter Goethe hätte nicht mehr zu schreiben gewagt als: "Ihr naht euch, schwankende Gestalten!" Es genügt, den Satz im Ohr zergehen zu lassen. "Ihr naht euch, schwankende Gestalten!" ist geistlos, glanzlos und banal. Im "wieder" erst schwingt Schicksal, schwingt Geheimnis. Aus dem "wieder" leuchtet Tiefsinn. "Ihr naht euch *wieder*, schwankende Gestalten!" ist genial.

Als ich ein kleiner Junge war, ging ich oft, an der Hand meiner Mutter, über den Zwiebelmarkt in Bern. Da saßen die alten Zwiebelweiber zusammen, unablässig schwatzend, unablässig nach demselben Stilprinzip: "Und dann, und dann, und dann – u de, u de, u de."

Zu Hause angekommen machte ich mir eines Tages den Spaß, die Zwiebelweiber von Bern nachzuahmen: "U de, u de, u de." Mein Vater ließ die Zeitung fallen. "Bub", sagte er, "halt's Maul!" Etwas ruhiger fügte er hinzu: "Die Art, wie alte Frauen reden, mag unter der Würde eines kleinen Jungen sein. Aber sie ist nicht unter der Würde Gottes. Gott selbst denkt und spricht nicht anders als die alten Weiber auf dem Zwiebelmarkt in Bern." Mit diesen Worten griff er zur Heiligen Schrift und las mir das allererste Kapitel vor: "Und Gott schuf, und Gott schuf, und Gott schuf ...." Als wolle der Heilige Geist, im Augenblick der Schöpfung beschwörend kundtun: Im Anfang aller Dinge war die Wiederholung.

Nie noch schrieb einer eine Theologie der Wiederholung. Goethe allein hat mit der Weisheit des Heiden das göttliche Geheimnis geahnt:

"Wenn im Unendlichen dasselbe
Sich wiederholend ewig fließt,
Das tausendfältige Gewölbe
Sie kräftig ineinander schließt:
Strömt Lebenslust aus allen Dingen,
Dem kleinsten wie dem größten Stern,
Und alles Drängen, alles Ringen
Ist ewige Ruh in Gott dem Herrn."